如何让你爱的人也爱上你

欧阳千山／著

亲密关系的秘密

中国华侨出版社
·北京·

前言
PREFACE

你能在90分钟之内点燃爱情之火吗？为什么是90分钟，而不是27分钟或者6小时呢？这是不是很夸张或者很不可思议呢？

寻找爱情不在于时间的长短，而在于如何正确地一步步发展感情。如果你了解发展恋情的步骤，知道怎样一步步建立起你们的感情，那么你就完全有可能在90分钟之内跟一个人发展成恋爱关系。

其实，90分钟的时间已经可以让两个人有一定程度地了解对方，而且记住对方。如果恰好你们有相同的爱好或者喜好，那么就可以更进一步加深你们的感情了。不仅如此，如果你已经找到真正适合自己的人，那么你们的感情就没有理由不保持长久。

适当的人会在社会角色、性格等方面相互补充、相互帮助，而不适合的人会让你感到不安全，挫败你的自信，甚至试图改变原来的你。那些能长久在一起的人都会感觉到他们相互之间是互补的，而不是相互冲突的。如果你们两人的性格、生活习惯等相互冲突，经常相互批评，并且试图改变对方来适应你，那么你们的关系是不能长久的。

当你找到一个你觉得相处起来感觉很舒服，而且在性格和生活上都能够互相照顾和弥补的人，那么你就找到你的另一半了。这本书会告诉你如何寻找适合你的人，当你找到的时候，又要如何做。书的第一部分将会教你如何正确认识你自己，并且找出什么样的人适合你。第二部分将会教你如何给你喜欢的人留下一个好的印象，并进一步发展关系。第三部分教你如何从认识发展成亲密的恋爱关系。

无论是第一印象，还是等价原则；无论是相似与互补，还是自尊与赞美，读完本书，你将对人际吸引、爱情、承诺、友谊、激情、沟通、依恋、择偶等亲密关系的方方面面有全新的认识。这是一本教会男人和女人如何与自己心仪之人一见钟情、两情相悦的书，拥有它你将战无不胜、攻无不克！快点付诸行动，收获自己的爱情吧！

目录

CONTENTS

第一章
亲密关系的秘密

第二章

搭讪的艺术

如何让你爱的人也爱上你
亲密关系的秘密

第三章

沟通进阶与亲密关系营造技巧

如何让你爱的人也爱上你
亲密关系的秘密

第一章

亲密关系的秘密

恋爱的第一步就是了解你自己，找到适合你的人。

什么是爱

生活在北极圈里的因纽特人会用很多的词汇来形容雪，因为雪有各式各样的，比如小雪、大雪、粉末状的雪、飘着的雪，等等。雪是他们生活的中心。在我们的文化中，从歌曲、书籍、电影来看，爱是我们最基本的东西。但是我们却只用一个字来形容这个复杂的变化多样的情感。爱有很多种形式，有来自父母的爱、来自兄弟姐妹的爱、来自朋友的爱……我们先把家庭的爱和柏拉图式的不切实际的爱放到一边，来谈浪漫的男女之间的爱。每个人对爱都有自己的理解，那么我们能否对这个普遍的反复无常的爱进行定义呢？

爱情是很深刻的、温柔的、很难定义的一种感情。这种感情会让你觉得一个人对你来说很亲近、被他的特质深深吸引、认为他是你的唯一。这是一个不错的定义，但是爱情不止这些。它可能会消逝或者长久持续下去，可能是轰轰烈烈的，或者是平平淡淡的、令人愉悦的，或者是令人烦恼的，它每一刻、每个星期、每一年都在改变。

其实几千年来，人们都在尝试理解和解释爱情。哲学家柏拉图用完整来解释爱情，他认为人们都是为了完整性而追求另一半的。柏拉图的导师苏格拉底则说："在爱中，我们寻找和追求那些我们没有的东西。"

社会学家用更加分析性的方法来理解爱。比如夏威夷大学的研究者理查德·拉普森和衣莱恩·哈特菲德把爱分成两种：一种是激情的爱，另一种是同伴之间的友爱。

耶鲁大学的心理学家和教育家罗伯特·斯特恩伯格提出了一种三角理论来解释爱。他认为爱是由 3 个部分组成的：激情、亲密感、承诺。激情是自然感觉的部分，它会让人变得很冲动大胆，有时候做出错误的决定；亲密感是两个人很亲近地在一起而得到的快乐感；承诺是两个人在一起的一个约定。据斯特恩伯格的理论，这 3 个部分不同的组合会产生不同的爱。当你把这 3 个部分很好地融合在一起的时候，你就得到了持久的爱。

一些个人的观点

文学家和艺术家对爱也有自己不同的解释。劳伦斯写道："让你自己生活在爱中，如果你没有这样做就是在浪费自己的生命。"法国著名浪漫主义小说家马塞尔·普鲁士说："爱是很主观的东西，人们并不是爱一个真实的人，而是爱上了他们脑子里理想的人。"《小王子》的作者安托万告诉我们："生活教导我们爱不是两个人相互对视，而是两个人朝一个方向看。"

关于爱这个话题的阐述，没有人能跟英国大文豪莎士比亚比。在《仲夏夜之梦》中他写道："真爱的过程总不是那么平坦的。"在《维罗纳的两个绅士》中他写道:"在爱中充满了希望。"在《皆大欢喜》中他又用疯狂和愚蠢来形容爱情。

其实,你不用像艺术家或者思想家一样对爱有什么深刻的见解,每个人都有自己不同的答案。有人说:"爱就像蝴蝶一直带着微笑。"有人说:"爱是一种力量、一种畏惧、一种激情、一种迷惑。"有人说:"爱就是不用说就知道对方想要什么。"还有人说:"爱就像两颗心之间流动的小河流。"

我最喜欢的一些对爱的定义是出自小孩子的口中。当被问到什么是爱的时候,8 岁的可乐说:"当我外婆患了关节炎而不能自己剪脚指甲的时候,我外公就帮她剪,虽然我外公也有关节炎。这就是爱。"7 岁的朵朵很诗意地说:"当一个人爱你的时候,她喊你名字的方式都是不一样的。"8 岁的妮妮说:"爱就是当妈妈看到爸爸浑身是汗很难闻的时候,还说他很帅。"

爱的各个阶段

爱很难被定义的原因在于它不是一个你可以看到的东西,它不像一张大软床、一个游泳池,等等。爱是一个过程,它是一种能唤起你的激情和温暖的东西。爱的过程通常分为 4 个阶段:相互吸引、相互联系、关系亲密、互相承诺。第一步就是关于外表的吸引,这是通过一些非语言的方式激发的,比如你的姿态、体形、衣着、整体感觉,等等。接下来就是精神上和情感上的吸引,以发展成亲密的关系。你知道吗?这一步通常是由一个眼神或者一个微笑开始的。

发展关系的第一步就是相互吸引。如果没有相互吸引，那就什么也不会发生。人们每时每刻都在估量别人，尤

其是在遇到陌生人的时候。在我们遇到某人的时候所做的即兴评估叫作瞬间反应。但通常它存在一定的误导性。每一个我们遇见的人都意味着一个机遇或者一个威胁。我们都会做一个小判断：这个人会带来机遇还是威胁，是朋友还是敌人，很吸引人还是令人讨厌？每个人心中都有一个模式和偏好，这些都是在社会、媒体、家人和朋友的影响下形成的。有些人会让你感觉受到威胁，有些人让你没有什么感觉，而有些人会吸引你。所以，通常来说，人们都是被那些符合自己心中形象的人所吸引。

最好的情况就是两个人遇到而且都被对方所吸引。这就为相爱的继续发展做好了准备。即使你们两个人相爱是有可能的，但是如果你发出错误的信号或者说了不合适的话，那么很快你们就会没戏。

发出正确的信号，说一些合适的话会让你们的关系发展得更加自然。而这就要考验你如何与人交流和维持交流的语言艺术了。

其实亲密关系也有两种：一种是情感上的亲密关系，另一种是身体上的亲密关系。人们通过非语言的信号和那种让对方了解自己的真实内心的谈话来建立情感上的亲密关系。当越来越多地了解对方的时候，就会细微地察觉到对方对自己来说的那种唯一感。然后就会自然而然地跟对方许下承诺。这个时候，你不再觉得自己是孤独的，你会感觉到完整、忠诚，活着有意义。

谁也不想孤独

为什么人们都要找自己的另一半呢？不是为了找一个伙伴，也不是为了安全、方便，是因为我们需要一个人来表达我们的情感，需要对一个值得信任的人倾诉，分享我们的经历，并对我们的想法发表意见。我们需要一个人来分享人生中的快乐，更重要的是对方能对我们的快乐做出回应，让我们知道我们做得怎么样。我们需要一个人来见证我们，让我们感到生命的完整！

当两个人经常坦诚地交流的时候，是想让对方感觉到安全，并且希望最终能在一起。科学家发现，生活在爱中的两个人情感的交流和沟通可以平衡和协调人身体的节奏，可以使人更加健康。当人们生活在爱中的时候，血压、心率、激素保持平衡，血糖吸收等都能得到改善。换句话说，"他们两者存在化学反应"不仅仅是一种比喻的说法。生活在爱中的人们是充满生机的，而

如何让你爱的人也爱上你
亲密关系的秘密

且会一直这样，活得更加丰富多彩、更健康、更长寿。

寻找爱情

既然爱对我们的健康和生活这么重要，为什么有时候它那么难以得到呢？对于没有经验的人来说，大多被电视、电影灌输了那些所谓完美的东西。总的来说，在寻找另一半的时候，媒体给了我们一个错误的导向。如果你去翻阅那些流行的杂志，看电视和电影，你不难发现它们都在教你做特定的事情、说特定的话、找特定的工作，告诉你拥有特定的财富才可以找到一个完美的爱人。

为了和媒体里那些理想的人一样，很多人都戴起了面具欺骗自己，也爱上了同样戴着面具的人。可以想象当面具摘下来的时候，他们看到了彼此面具后面的样子，该会是多么沮丧、失望和苦恼。这也难怪当今的离婚率如此之高。

当然也不能放任自己，而是要好好利用自己所拥有的。我们没有电视里的、杂志里的那些理想人物那么完美，这很正常。要做你自己，把面具摘掉。也许你最想隐藏起来的东西恰恰是你最应该展示给别人看的东西。

同样，我们也总是相信王子或者公主会走进我们的生活，但是实际上并不是这样的。是的，你不能在那里等一见钟情发生。就好像如果你丢了一份工作而你就在家里等着有人来敲门给你提供一份很好的工作一样，这样你也许永远也等不到。你必须自己出去，跟别人聊天，认识别人，然后自己发现机会，寻求进一步的发展。这样才能够找到期待的爱情。

你期待的爱情需要通过好几个步骤来实现。也就是说，要通过必需的几个步骤才能找到合适你的人，然后获得爱情。美好的爱情会眷顾那些懂得如何才能维持长久的幸福生活的人。当然，失败是最好的老师，美好的爱情也同样眷顾那些在做错事之后依然坚持不懈的人。你要充分利用你的肢体和语言来展示你自己、你的个性、你的谈话技巧。你可以从自问自答开始，发现自己是一个什么样的人，性格特点是怎么样的，是外向的还是内向的，是理性的还是感性的，等等。当你对自己充分了解之后，你就可以找出你会爱的人，以及对方也会爱你的、合适你的那个人。

当你知道你要找什么样的人做爱人以后，你就可以好好准备你的表现来给对方留下一个好的第一印象了。你可以完善你的交流技巧来加速你们的沟通以找到你们的共同点。这样，你就可以慢慢地通过交流一些私密的东西进入更加亲密的阶段。

练习：你是谁？你是什么样的人？

花几分钟想想下面的问题，来看看你是怎么看你自己的？你认为别人是怎么看你的？你认为什么更重要一些？

1.你会用哪 5 个词来形容你自己？

2.你认为别人会用哪 5 个词来形容你？

如何让你爱的人也爱上你
亲密关系的秘密

3.你认为的和别人认为的相似吗？如果不是，你觉得这是为什么呢？

4.除了评价你的长相，别人用来赞扬你的最好的词是什么？

5.你认为一个朋友、一个商业伙伴、一个爱人所要具备的最重要的3个特质是什么？

偶遇的爱

那么，究竟一见钟情这种事情会不会发生呢？有时候确实是会发生的。当你看她、她看你，你对她笑、她也对你笑的时候，那一瞬间，激情被点燃，无法阻止地爆发。这就是一见钟情。这种爱发生的时候，两个人都突然发现对方就是自己想要的。这种相互吸引是相当强烈的，促使你们不顾一切地去爱对方。

研究人员发现这种一见钟情并不是外表上的或者性方面的吸引，而是两个人突然之间共同觉得彼此在性格、脾气等方面都相当搭配。

《一见钟情的爱》一书的作者厄尔诺莫博士采访和调查了来自美国的各个种族、各个宗教、各种背景的1500个人。得出一个结论：一见钟情其实并不稀奇。而且厄尔诺莫博士还论证了如果你相信一见钟情的话，那么一见钟情就有60%的可能会发生在你身上。下面是他得出这个结论的依据。

1.他采访的人里面将近2/3的人相信一见钟情。

2.那些相信的人群中，超过一半的人都有一见钟情的经历。

3.55% 的遇到一见钟情的人，跟一见钟情的对象结婚了。

4.结婚的人当中有 3/4 的人保持着婚姻关系没有离婚。

在第二次世界大战的时候，弗朗西斯是一个战斗机飞行员。一天晚上，他参加了一个表演会。在艾琳踏上舞台的那一刻，他产生了一种奇妙的感觉。他当时想，那就是他将来的妻子。虽然他不认识她，但是他知道他将要跟她厮守后半生。表演结束后，他到后台设法向她介绍了自己。他俩的目光交汇在一起，他感到一股强烈的感情涌上来，几乎让他窒息。他记得那个时刻，感觉它比他的生命还重要。

如今，弗朗西斯和艾琳已经结婚 48 年了，他们有两个孩子和 5 个孙子孙女。更有趣的是，很多年以后，他们的孩子马丁，有一天在芝加哥的一个酒吧里坐着，当时走进来 3 个空姐。历史又重演了，他当时转向他的同事，跟他说："那个人将成为我的妻子。"他是对的。如今，24 年过去了，他们的 3 个漂亮的孩子都已经长成少年了。

谁是适合你的人

试着设想一下你将要在一条船上度过你的余生。这是一条挺宽的船，所以需要有两个人来划桨使船前进。你必须和你的搭档达成一个共识，以相同的节奏和速度朝着同一个方向前进，而且必须很满意自己所处的另一边，否则你们就会在水中一直转圈，直到你们疯了为止。基于这种情况，你一定会慎重选择让谁来做你的搭档。

这艘船就好似爱情，并不是谁都想帮助你划这条船。对于刚开始的人来说，你要找一个跟你同方向的人。那个人可以跟你一起，会给你艰难的旅途带来快乐。在这其中会有很多的付出和收获，很多时候你们要逗对方开心；忍耐一些抱怨和痛苦；使对方振奋起精神；安慰对方；让对方感到有安全感；一同经历风雨；共同沐浴在阳光下；一路上交朋友等。要符合这么多的内容，所以在你找到一个最适合你的人之前你很可能要经过多次尝试。

既然你要跟另一个人一起划桨，那么每一个动作都要跟搭档配合好。你选的搭档还要让你的旅途愉快，给你带来新的不同的想法。你的搭档还要能够理解你，喜欢你的某些方面，并且对你的某些不足提出意见。你要找到这样的另一半，然后使他或者她也爱上你。

寻找另一半的原则

我们总是听到那些幸福的感情稳定的夫妻这样说"她让我觉得很完整""我们正合对方的胃口"。其实他们都是因为一个理由：一方都弥补了另一方的不足，然后在一起，他们觉得一起的效果要大于他们分开的效果。这些夫妻让我们知道这就是双方互补的作用，也就是这一点让他们可以长久地维持关系。正如苏格拉底所说："在爱中，人们总是在寻求自己所没有的东西。"

大部分的友谊是建立在人与人之间的相似程度上的，当然，朋友并不是我们的克隆版。但是实际上朋友之间在很多方面是相同或者相似的，比如价值观、喜好，或者你们拥有的一些东西，等等。总的来说，你们相似度越高，你们一起相处得就越好。

拥有共同点这个因素，在爱情当中也同样是必要的。你看看周围的一对对：外向型的跟外向型的一起，知识分子跟知识分子一起，喜欢安静的人跟与他相似的人一起，等等。我们发现因为相似而产生和谐。你跟一个人的相似度越高，你们在一起的舒适程度和信任程度也越高。时间一长，你也更容易跟与你有

> 有了相似性、友情，对维持浪漫的爱情关系还不够，你还需要其他的东西。

如何让你爱的人也爱上你
亲密关系的秘密

相同的信仰、相同的经济目标、相同的成就目标、相同的抚养孩子的理念的人共同和谐地生活。

有了相似性、友情，对维持浪漫的爱情关系还不够，你还需要其他的东西。也就是因为它，你才得以成长、成熟。这就是你的另一半带给你的。

拥有不同性格个性的人可以彼此弥补、相互帮助。如果你是一个冲动的、强势的人，你最好找一个闲适的，但是又有精力对你的冲动做出响应的人。让我们用一个现实生活中的例子来说明这个情况。

长相英俊的李皓30岁出头就当上了一个公司人力资源部的副总。他曾经跟很多时髦的漂亮女性约会过，她们中有电台主持人、软件公司管理者，等等。虽然每次他都是很有激情地开始恋情，但是没几个月就以失败告终。后来李皓碰到了肖芳，肖芳也很漂亮，但是跟李皓以前的约会对象不一样。肖芳的工作并不是那么引人注目或者掌握着大权，她是当地一家酒店的经理助理。

李皓说："在我第一次遇到肖芳的时候，就觉得她很不一样。在一个繁忙的十字路口，她的车子在我前面抛锚了，我下来帮助她。她很感谢我。"他笑着说："我以前的那些女朋友一定会叫我干自己的事情去，她们可以处理这些。"

李皓逐渐发现无论他跟肖芳一起做什么事情，他都不经意地觉得她使他感到很有成就感。而这是跟他以前那些女朋友约会的时候从来都没有感受到的。她们也表示爱他，但是他所感觉到的是即使在一些很琐碎的事情上，她们好像也在跟他竞争一样，然而跟肖芳在一起就完全不一样。他说："这很奇怪，好像我们就是天造地设的一对一样。"

死党问他是什么让他觉得肖芳跟其他人不一样。

他立即回答道："她让我觉得我自己很强大，好像我可以撑起整个世界，像一个王者一样。"

"还有呢？"

"她很聪明，体贴，"他停顿了一下，"而且她很有气质。"

"气质？"

"是的，她总是打扮得很漂亮，而且仪态很好。"

有一次，大家一起聚餐，死党借机跟肖芳闲聊：

"你们两个真的很般配啊。"

"到目前为止是的。"

死党笑了下："为什么这么说？"

"我认为李皓很有趣，他很忙，有很多事情要做，但是他总是有时间陪我玩、享受生活，就像今天。"

"就是这点吸引了你吗？"

"嗯，他这一点我很喜欢。但是我喜欢他，不单单因为这个。我碰到他那一天，在他帮了我之后，我坚持邀请他喝一杯咖啡以表谢意。然后我们就去喝咖啡谈了1个多小时，那时候，他很用心地听我说，还问了很多有趣的问题。他长得很帅，而且很风趣，你可能不相信，但是我觉得他对我是认真的。这就是为什么我会爱上他。"

由此看来，李皓满足了肖芳的需求。他让肖芳觉得自己富有智慧、大方得体。而肖芳呢，她让李皓感到自己很有成就感、很强大。他们两个确实很般配。

首先要了解你自己

当我们被问到要找什么样的对象的时候，我们总是提出很多要求来形容。例如，我要找一个有幽默感的人，或者是说她必须很有活力、富有冒险精神，或者是用很普遍的语言来形容，我要找一个高的、帅气的、阳光的。但是我们最好不要把焦点放在你要找的人身上，而是把焦点放在自己身上。我们其实并不是爱上了某个人，我们爱上的是跟某个人在一起的感觉。这也是李皓和肖芳的感觉，他们十分享受两个人在一起的感觉。

要找到合适你的人，请先回答以下两个问题：

1.你认为你是一个理性的人，还是一个感性的人？

2.你认为你是一个交际型的人，还是一个内敛型的人？

对于这两个问题，肖芳认为自己是理性的、内敛型的，李皓认为自己是理性的、交际型的。他们是天生的一对。

下页的表格会帮助你发掘你的性格特点，并且帮你找到适合你的人的类型。这个表格没有正确或者错误的答案，你只要根据自己的真实情况来做就可以了。根据你个人的性格特点，从4个框中的特性表述里面画掉最不适合你的，从剩下的里面找出一个

更加理性

1. 分析者
- 完美主义
- 整洁有序
- 注重细节
- 尽职尽责
- 系统的、精确的
- 喜欢提前计划
- 严格按计划行事
- 崇尚事实和逻辑
- 不能容忍粗心
- 讨厌突发事件

认为正确理所当然
无法忍受错误
主要感觉：聪明、有才智的

2. 控制者
- 有事业心、进取心
- 快速果断
- 有自信
- 有鲜明的行为目的
- 崇尚权力和威望
- 忙碌，不得停歇
- 利己主义
- 意志坚强
- 能言善辩
- 讨厌优柔寡断

认为得到结果理所当然
无法忍受失控
主要感觉：有力量的

3. 支持者
- 可靠的听众
- 有同情心，好合作
- 喜欢幕后工作
- 忠诚、正直
- 深沉、不善表达观点
- 谦虚礼让、有耐心
- 待人很好
- 不喜欢突变的事情
- 诚实可靠
- 不喜欢没有反应的

喜欢接受
不喜欢被拒绝
主要感觉：被尊重的

4. 提议者
- 富有激情
- 有说服力、坚持
- 自发、友好
- 喜欢与人分享理念
- 能说会道
- 喜欢认知、威望
- 不喜欢按部就班
- 无组织性
- 喜欢面对面的交流
- 不喜欢惯例

喜欢被赞赏
不喜欢被反对
主要感觉：被认为重要的

更加内敛性 / **更加交际性**

更加感性

如何让你爱的人也爱上你
亲密关系的秘密

最适合你的。在每项当中可能有一两个描述是不符合你的，没关系，只要大部分是符合的就可以了。但是一定要记住，要认真诚实地对待，这是你认为自己拥有的一些特点和性格。反正没有人会知道的。

需要被满足

经过研究，思想家们把人的性格分成主要的 4 种。西方"医药之父"——希波克拉底把这 4 类性格定义为冷静型、易怒型、忧郁型、乐观型。精神病学家卡尔把这 4 种类型定义为：思想者、敏感者、感受者和直觉者。无论他们用什么名词来定义这 4 种类型，他们的分类都是相似的。当今，那些从事营销、教育等专业机构使用的都是差不多的分类方法，那就是 DISC 系统。D 代表掌控，表示控制者；I 代表影响，表示提议者；S 代表稳固，表示支持者；C 代表顺从，表示分析者。虽然这些观点在某些方面有些不同，但是对于 4 种人的性格的描述是相似的。

总的来说，每一个类型的人都有一种主要的感觉，需要得到满足。分析者想要感到自己是聪明的，控制者想要做到自己有权力感，提议者想要自己被认为是重要的，支持者想要自己是被尊重的。比如，恋爱中的分析者说："当我跟她在一起的时候，我觉得自己是世界上最聪明的人。"控制者会说："跟她在一起我感到自己很有权力感。"支持者会说："他让我觉得我是必不可少的。"还有，当人们被问到，为什么他们前面的恋爱会失败的时候，他们都会提到的一个原因，即他们没有自己想要的那种感觉。

爱的语言

当人们被问到"你认为你爱的人给了你什么感觉"的时候，会用各种各样的语言方式来表达。像分析者，他们是理智的但通常又是内敛型的，他们倾向于做出理智的、符合逻辑的决定，他们担心犯错，希望被公众认为是聪明的。控制者是理智的而且是交际型的，当他们掌握权力的时候是最高兴的，但是有时会被认为太专横，他们希望在公众中拥有一定的权力。而支持者是感性的、内敛型的，他们希望自己的支持和忠诚得到别人的认可。提议者是感性的、交际型的，他们希望成为公众的焦点，他们的意见得到赞赏对他们来说很重要。

人们都试图寻找可以给自己带来所需要的感觉的人，让那些属于相反类型的人凑在一起比相同类型的人凑在一起要合适得多。你可以想象一下两个控制型的人在一起划船，每个人都想拥有掌控的权力，都想自己决定行驶的方向、节奏等，那会怎么样？再想象一下，两个都想得到赞赏的人在互相竞争得到别人的注意力，那么他们的关系能够维持多久呢？如果两个分析者同行，他们不断批判对方的决定，以达到证明自己更加聪明的效果，又如何前行？还有两个支持者在一起，盲目听从一些指令，只知道一味往前划，等待别人的指示。这样也只会延迟行程。

比较合适的搭档有如下几种：提议者跟分析者搭档，他们中一个很包容，另一个很有智慧；控制者跟支持者搭档，他们一个是理所当然的船长，另一个甘愿做船员；又或者让一个支持者跟一个提议者在同一艘船上，那么他们也能创造和谐的气氛。你一定知道，一加一等于二。但是当你把两个合适的人放到一起的时候，就会产生无限的可能性。

如果你已经让你的搭档有了他想要的感觉，那么就继续这样下去以求进一步发展。比如持续让分析者感到他是明智的，让支持者感到他的价值，等等。而且，在将来的相处中，也要时时注意他想要的感觉。

共同的激情

很多的爱情都是单单从对外表的感觉开始的。我们看到某个人觉得很好，所以就开始跟他发展关系。但是爱情关系跟其他关系一样，都需要稳固的基础来使之长久。在你看完这一章，做完下面的自我评估调查的时候，你就可以发现自己是什么样的人，想要在爱情中寻找到什么样的感觉，需要找什么样的人才适合你。还有爱情是需要建立在双方的激情上的，只有两个人都有感觉的时候爱情才会发生，才能自由自在地沉浸在甜蜜的爱情中。不用刻意地去将就对方以维持关系，我们要找一个适合自己的，同时自己也适合对方的人。

完美的恋情其实来得很容易。你要从你觉得什么样的人适合你开始考虑。我们常听到这样的话："我命中注定的人总会来到我的面前的，无论我做什么结果都一样。"这种想法是最可怕的。你自己一定要细心注意你周围是不是有适合你的人，而不是在那里等待。如果两个人在一起并没有使你们都觉得开心，不要责怪自己，这不是你的错。如果对方对你说："你很好，但是我觉得我们两个还是不怎么适合。"相信他，就让他结束这段关系，找下一个。你试图改变你自己来适应对方，让对方觉得舒服，这是没有用的。你不能这样强迫自己去爱一个人。

发现自己是什么样的人，找出适合自己的人的类型，这仅仅成功了一半。接下来你就要开始跟别人交往，将关系继续下去。

感情上的禁区

我们都听说过异性相吸这一说法。但是真的是这样吗？答案是："有时候是的。"有时候我们会发现自己喜欢上一个跟自己很不一样的人。他可能比你年轻或者年老很多，或者比你开放很多。但就是有可能你们双方都想从原来的小船上跳出来，让原来的同伴自己去转圈圈去。

通常这种事情发生在我们生命中的转折点，也不知道什么原因，我们就抛弃了原来的搭档。过一段时间，可能我们会发现自己选择错了。负责任的人在发现以后可能会感到后悔，而有些人则会感到心安理得。随着时间的推移，我们可能会发现同伴的一些瑕疵需要改进，然后我们会试图帮助他们改正成自己理想的那样。

最快地让爱情关系破灭的方式，尤其是对两个不合适的人来说，就是让对方感觉不到他想要的感觉。

比如一个控制型的人只有在事情有条不紊地进行时，才可以自由自在地生活。如果你让控制型的伴侣觉得一切都失控了，那么很快他就会考虑在其他地方建立另一段可以控制的生活。

同样，如果你经常性地羞辱分析型的同伴，使他感到难堪，那么很快他就会成为一个抱怨者，你们就再也没有从前的那种感觉了。久而久之，他很可能就会去其他地方寻找想要的受到尊重的感觉。

你可以对提议型的伴侣做很多事情，但是如果你每次都忽视或者不同意他的建议，那么他就会发怒，很快会去找一个倾诉的对象，找一个欣赏他的人。

一个支持型的伴侣会全心全意地支持你。但是如果你经常忽略他的感受，最后，他肯定会离开你，去别人的臂膀里寻找让他有价值感的感觉。

练习：自我评估

想要找到适合你的另一半，最重要的就是先了解你自己，找出你想要的东西，找出能让你感到满意的人所需要具备的东西。

下面这个简短的自我评估可以帮助你找出这些。

第一部分：我是一个什么样的人

快速阅读每一个题目，从下面的选项中选出最适合你的一项。相信你的第一感觉，因为那往往是最正确的。

1.你跟你的邻居相处得不太好。你会：

A.在你再次碰到那个邻居之前系统地分析你们的问题，找出解决的方法。

B.很快地找出解决方法，然后去找那个邻居。

C.先跟你的朋友征求意见，然后再去跟邻居谈。

D.看到那个邻居的时候，用开玩笑的方式来引出你们之前的问题。然后，不经意地谈起你自己认为合适的解决方法。

2.你换了一份新的工作，要搬到另一个地方居住。当你在找新房子的时候，你会：

A.自己先通过网络进行了解，在去跟房产中介谈之前，自己心里已经有一个月租的价格。在做最后决定之前，你会看很多的房子，还要对周围的租户情况做调查。

B.直接联系房产中介，一有时间就会去看房子。只要有房子能够满足你心目中的所有要求，你就会当场决定租下来。

C.一直不断找房子，直到找到一个你喜欢的。即使可能花上好几个月，你也非常有耐心。在决定之前，会带自己的朋友、亲戚去看房子，征求他们的意见。一次，两次，甚至很多次。

D.到处询问哪里是很不错的地段。要找一个你中意的房产中介，因为你们接下去要经常在一起。跟房产中介说你最大的要求就是要找一个公众认为很好的地方。

3.你最喜欢下列哪种感觉？

A.自己是正确的。

B.在自己掌控中的。

C.被接受的。

D.被赞赏的。

4.你最想要避免下列哪种感觉？

A.感到尴尬。

B.对事物失去控制。

C.被拒绝。

D.被忽视。

5.当你周围的朋友都支持你的下列哪个选项的时候，你感觉最舒服？

A.你的思想。

B.你的目标。

C.你的感触。

D.你的意见。

6.你会用下列哪个词语来形容你的打扮？

A.保守的。

B.实用的。

C.休闲的。

D.时髦的。

7.你最不喜欢下列哪个选项？

A.不确定性。

B.优柔寡断。

C.不被察觉。

D.惯例，老规矩。

8. 大部分你做决定的时候是属于下列哪种情况？

A.计划好的。

B.很坚决的。

C.仔细考虑过的。

D.自发的。

9.你认为用下列哪个词语来形容你最贴切？

A.完美的。

B.有事业心的。

C.可靠的。

D.有激情的。

10.当别人给你下列哪种感觉的时候你觉得最舒服？

A.明智的。

B.有权力的。

C.被接受的。

D.被认为是重要的。

第二部分：我是一个什么样的人

在恋爱关系中，对方使你有以下哪种感受时你觉得最舒服？

A.

明智的

聪明的

精明的

正确的

有洞察力的

有智慧的

被认真对待的

完美的

B.

有勇气的

自信的

主动的

强大的

像一个王者

积极的

C.

安全可靠的

被珍惜的

必不可少的

有用的

可爱的

和平的

珍贵的

有趣的

D.

像个英雄

有抱负的

有说服力的

能说会道的

时尚的

有影响力的

乐观的

自我评估

算出你在第一部分选 A、B、C、D 的个数，还有你在第二部分圈出的 A、B、C、D 的个数。然后把它们加起来。按照下面的方法记录下来。

A ＿＿＿＿＿ B ＿＿＿＿＿ C ＿＿＿＿＿ D ＿＿＿＿＿

如果你的答案中最多的是：

A. 你是理智的、以事为主、自省的、社交上比较内敛的分析

如何让你爱的人也爱上你
亲密关系的秘密

者类型。

B.你是理智的、以事为主、社交上比较外向的控制者类型。

C.你是感性的、以人为主、自省的、社交上比较内敛的支持者类型。

D.你是感性的、以人为主、社交上比较外向的提议者类型。

什么样的人比较适合你？

你的性格类型显示了你在爱情当中寻找的东西，也指明了比较适合你的人的类型。

分析者类型	控制者类型	支持者类型	提议者类型
想要觉得 自己是明智的	想要感到 自己有控制感	想要感到 自己被接受	想要感到 自己的重要性

你要寻找的合适的人必须跟你的性格不同。对方在许多方面是跟你相似的，比如价值观、目标、形象。同时又能在脾气方面跟你有互补的作用，使你在相处中找到你想要的感觉。

社交活动

说了这么多，一定有人问："好了，我已经懂得这些理论了，但是我怎么去找一个适合我的，我又适合他的人呢？"即使知道了自己想要一个什么样的人，也不能像从菜单上点菜一样找到他。

千真万确，根本就没有一条可以找到适合你的人的捷径。你必须出去认识不同的人，就如每一个选择的过程一样，刚开始爱情也是一个关于数字的游戏。你认识的人越多，你找到适合你的人的机会也就越大。

当然，你也可以待在家里什么也不做。不过，没多久你就会熬不住的。有一句话："不打电话，你就没有生意，没有生意，你就卖不出东西。"这样你迟早会变得没钱没工作。在寻找爱情的过程中也是同样的道理。你必须行动起来，这里讲的行动不是那种把朋友叫出来去喝一杯，也不是偶尔去一下酒吧，是你要努力使自己融入跟你的兴趣、价值观和信仰相符的人群当中去。如果你很难做到，或者你已经这样做了但是没有什么效果，这个时候你就需要扩大你的社交范围，尽量去认识更多的新朋友。

社交的艺术

在现代社会中，人们大部分时候都在打电话、留言、盯着各种各样的屏幕看。我们的父辈、祖辈可不是这样的。他们都是用面对面的交谈方式：讲故事、旁听、闲聊、写信，甚至会出去散步。我们现在的社会渐渐淡忘了社交的艺术。我们开始为工作而生活，而不是为生活而工作，几乎都没有想要腾出时间去认识一些新的朋友。

这样的现象真的很糟糕。因为人们从根本上讲都是想要寻找有人陪伴的感觉的。人们都想要有人分享自己的经历和成绩。我们都是通过以下的行为去感知世界，并让我们的生活更加丰富：我们去体验新开的餐厅，跟别人讲述我们外出旅行的故事，对政治或者艺术等发表评论，还会聊一些当今的时事八卦。但是得益于科学与技术的发展，人们的社交改变了很多。

曾几何时，我们会聚集到酒吧、咖啡馆里一起聊天，或者出去野餐、邀请朋友到家里玩，等等。但是渐渐地这种面对面的交流被留言或对留言做出回复等给取代了。让生活充满精彩的方法就是多跟别人交流。所以，走出去多跟新朋友、老朋友交流交流，才能让生活更加精彩。

获得社交的机会

通过已经认识的朋友、熟人、同事来认识新的朋友是最好的途径。这个道理其实众所周知，但是有时候就是要别人告诉你，你才会认识到。跟你有相似价值观的人结识，这样会增加机会。一定要让你的朋友知道你想要认识新的朋友，即使他们好像都知道，你也一定要直接地告诉他们。如果他们不知道，就赶快告诉他们。

从现在开始，把出去社交摆在你生活中的优先位置上。要把它变成一种习惯，并且要善于社交。下定决心，在接下来的一年里每个星期或每个月都安排出时间来见见新老朋友，见见那些认识但是印象很模糊的人，见见那些你知道但是从来没有见过面的人。跟朋友出去喝喝咖啡，或者请朋友来家里做客，还可以去参加各种各样的俱乐部、志愿者组织，等等。有时候，还可以邀请朋友一起做体育运动、去公园、去博物馆、去音乐会，或者聚餐，并且邀请他们把自己的朋友也带来。这样，你就会一下子认识很多人，也会从这样的生活中得到乐趣。现在就开始做一下计划吧，然后好好执行你的计划，你会为结果感到吃惊的。

两条简单的建议

在乔治 55 岁的时候，他的妻子南希因病去世了。他们曾经是最好的朋友，也拥有一些共同的好朋友。在南希去世后，乔治感到很寂寞。心理咨询师给了他两条建议：坚持每个月都办一次聚会；接受所有的邀请。

几个月后，乔治碰到了米雪儿，她是南希的一个朋友的女儿，她正在准备一个爵士聚会，问乔治是否愿意参加，到时候会有各种年纪的人去。乔治对她的邀请表示了感谢，但他的心里还是有些抵触，他觉得自己实在没有理由去。犹豫中他想起了心理咨询师说的那两条建议，脑子里

> 坚持每个月都安排一次聚会；接受所有的邀请。

一个念头一闪而过，我为什么不去呢，我这不刚刚得到了一个邀请吗？就这样事情开始转变了。

在接着的几天里，他给几个朋友打了电话，并邀请他们一起参加。在那个周末他们都来了，因此他很开心。

从此，乔治下定了决心，每个月安排一次聚会。开始的时候他邀请他的朋友、熟人、同事，并鼓励他们把朋友都带来，越多越好。最初的时候，他还有点担心，因为他的厨艺很糟糕。但是这反而帮了他。当他邀请别人来参加聚会的时候，别人会问他是否需要帮忙，就这样他们的聚会就从他的厨房开始了。有的朋友会提议干脆去自己家开聚会，就这样他认识了他朋友的朋友们。

在南希去世两年多后，乔治再婚了。"一开始的时候我真的不是以这个为目的的。"乔治说，"这完全是因为我认识了更多的人，然后我的生活都改变了。"

当安娜第三次失恋的时候，她说："我已经习惯了经常遇到那些坏男人，我现在都不知道好男人是什么样的了。"她从小时候开始就不喜欢一个人待着，总要找一个伴："我宁愿跟一个烂人一

起，也不想一个人孤孤单单。我也因此受了很多次伤。"

安娜和其他三个人合租一套三居室，她们彼此都有自己独立的空间，显然这样的环境很不适合她们彼此之间交流和娱乐。

也许是因为害怕孤单，她有了一个创建自己社交圈的计划。因为她不能常常把朋友带到她住的地方来，所以开始的时候她要好好想想如何组织。很快安娜就成了她朋友圈里的社交助推手，有时候她会打电话找朋友一起去看电影，并提早买好票，然后她就可以和朋友安心地在电影开始前去咖啡店喝点咖啡。有时候，她会找不同的朋友一起去参加某个艺术节的开幕式等。有时候还会找朋友一起去打羽毛球，去参加一个作者的新书发布会。结果，她认识了各种各样的人，也更容易找到合适的约会对象。学会了如何拒绝那些坏男人，关注那些好男人。后来，安娜遇到了李安，一个优秀的证券分析师，并嫁给了他，而她还在继续她的社交。

所以，我再次重申那两条简单的原则：

1. 每个月都安排一次聚会，邀请你的朋友带他们的朋友一起来参加。

2. 接受所有合理的邀请。

在做这些事的时候你不用太正式，你可以这样邀请你的朋友："嘿，这个星期五晚上我邀请了一些朋友来家里玩，你带你的朋友一起过来啊。"或者："嘿，我们这个星期二要去看电影，你也一起来啊，带上你的朋友。"记住一句话：我要认识新的朋

如何让你爱的人也爱上你
亲密关系的秘密

友!

如果你没有什么途径遇到新的朋友，而且也没有什么很亲密的朋友，那么就寻找其他的方式认识他们。你参加的活动越多，去的地方越多，你遇到的人也就越多，你也就越容易遇到你喜欢的人。你可以去参加各种课程、志愿者组织，去参加展览会、学习烹饪，参加舞蹈课程、去美术馆，参加别人的婚礼、生日宴会，或者其他的各种活动。

不要让自己闲下来，去找一份有意思的兼职工作、发起一个聚会、建立一个读书俱乐部、参加职业培训、学习一门乐器……这些活动可能不会使你获得什么技能，但是更重要的是通过这些活动你会认识很多人。

网恋

科技和互联网的飞速发展使人们有了一种新的寻找爱情的方式。当人们在形容一个人坐在电脑屏幕前面等待爱情的时候，你会觉得他好像很可怜。不过这只是事情的一面。事情的另一面是，也有不少夫妻都是从网恋开始的。下面是症结所在：他们是在网上认识的，但他们是在真实世界里遇到之后才步入爱情的。网络只能是一个认识朋友的途径，它可以被用来组建俱乐部，或者用来远程上课，等

网络可以被当作一种途径，但不可以替代人们的社交活动。

等。它还可以帮助人们认识新朋友，但是要真正了解对方，我们还是要用面对面的方式。

网络可以被当作交友的一种途径，但不可以替代人们的社交活动。你可以把网络当作你扩展社交圈的一个工具，当作跟已经认识的朋友交流的工具。最终的目的还是要找到适合你的人。

网络上通常有三种人，现实主义者、浪漫主义者、随时消失者。现实主义者利用网络认识新的朋友，在网络上做一个初步的选择。当他发现自己感兴趣的人，就安排时间见面看看合适不合适。这个过程比漫无目的地去一个聚会里寻找要简单方便。在开始的时候，只是感兴趣而已，没有投入什么感情，这样很现实、安全，而且很有可能成功地找到适合自己的人。

现在来说说第二种浪漫主义者。他在见到网友之前就爱上了对方。有研究发现电子邮件、讯息可以使人们变得很亲密。人们很容易被这种一来一去的信息诱发出恋爱的感觉来，即使还没有过哪怕像眼神交流这样的当面的交流。见面以后，也许他会觉得合适，也许会觉得不合适，但是他似乎已经爱上了对方了。而通常，总有很多的因素导致他们不能够真正地见面。

第三种就是那种随时消失者。他往往是那种开始主动跟你交流的人，一直引诱着你，然后突然有一天消失了。当然在现实生活中，这样的人也有。但是在网络上，这样的人给对方造成的失落也不亚于现实生活中的。

网恋形式在不断地发展中，但是它始终只能作为一种结识新朋友的方式，是另外一个选择而已。无论在网上聊得多么深入、多么坦白，在现实中初次见面的时候还是很重要的。你还是需要用90秒钟给对方一个好印象，用90分钟来真正了解对方。

网络交友的优点

很明显，在交友网站上大家都是想要认识别人。所以，你不必像在真实情况中一样觉得拘泥。而且，在网上大家彼此的社会关系、婚姻状况，甚至性取向都是不为人知的。

1.通过浏览别人提供的档案资料，你可以排除那些在兴趣、年龄、价值观或者任何方面不符合你要求的人。同样把你自己的资料放到网上，一定要真诚地把你的兴趣、价值观等清楚地描述出来。

2.通常，人们会在自己的档案里放上一张或者多张照片。俗话说，眼睛是心灵的窗户，如果能让你的照片跟你描述自己的语言很好地配合起来就能使别人更加了解你。

3.网络的匿名性使得那些害羞的人也有机会可以接触很多人，这是他们在现实生活中很难做到的。

4.在网络上，你可以接触到那些在你的社交圈中不多的人群，或者是存在但是不常遇到的那些人。

网络交友的缺点

你会对网络上肆无忌惮的调情等产生迷恋，这是很容易让人上瘾的，尤其是对于那些常常感到孤独寂寞的人。其实，这种感觉是很盲目的。因为我们不能单单通过对方跟自己交流的东西来了解对方，这都是片面的。我们还需要通过对方的长相、肢体语言、面部表情、声音等这些细节来全面了解对方。这些都是通过网络无论如何也无法传递的。

还有，在网络上你只能碰到那些经常上网的人群，也就是说那些不怎么上网的人群你是很难找到的。

建议

对那些刚刚开始准备利用网络交友和那些已经在用网络交友却没有收到预想的效果的人，这里有一些建议。

1.每一个交友网站都不是适合所有的人群的。就像酒吧或者俱乐部一样，不同的网站也都是为了吸引不同的人群而设立的。而只有浏览一些里面人的档案以后，你才会发现网站的主流人群。在你开始注册之前尽量多浏览几个网站，以找到一个符合你的兴趣、生活习惯、年龄的，而且吸引着那些你想要的类型的人的交友网站。开始之后，如果你没有找到你想要的那种人，就换一个网站。

2.为你自己建立一个适合的档案。你有必要建立一个能够反映你自己的档案，所以你要花时间好好设计你的档案让它变得尽量生动。还要找一张你自己的拍得不错的照片。曾经有一个网站做了一个调查："当你在浏览别人的档案的时候，是哪个因素让你产生跟对方交流的欲望？"男士们通常选择灿烂的笑容、幽默感和好看的外表这三个因素。女士们则首选幽默感和对音乐、电影、书等有相似的品位这两点，而家庭责任感和灿烂的笑容一起占据了第三位。当被问到是什么促使不想和对方交流的时候，男士和女士们都列出了以下几点：看起来像骗子、态度消极、懒散。男士比女士更加关注对方相貌，而女士则更注重对方的穿着和发型。

3.在建立你自己的档案的时候一定要诚实，而在浏览别人的档案的时候一定要提高警惕。很多人在跟网友见面的时候都发现网友并没有完全地把自己的资料放在网上，有些信息甚至带有欺骗性。当你在浏览别人的资料的时候（还有对方给你的留言时，如果你们已经互相留言），要像看简历一样去审视。看有没有东西很奇怪，有没有什么神秘的东西，有没有什么东西让你觉得这个人很可笑。在聊天的时候，要说出你自己是什么样的人，你要找的是什么样的人。毕竟，你要找的是一个可以吸引你的人，而不是一个你自己想象出来的人。

4.在见面之前，你自己不要总去想象出一个人来。如果你对某个人有兴趣的话，就尽快安排一个面对面的机会。很多人在网聊时都会自己想象出对方的一个形象，而这个形象往往跟本人存在比较大的差距。只有一个人的相貌、肢体语言、脸部表情、声音等，这些真实的东西都展现在你面前的时候，你才知道自己是不是喜欢他。所以，当你在网上遇到某个人，感到对他有兴趣时，就把他约出来喝个咖啡、吃个饭什么的，然后再决定要不要继续发展下去。

需要注意的是，因为网恋是一件盲目的事情，在没有朋友的介绍等做保证的情况下，在网络上行事要尽量稳妥，尤其是女士。把你们第一次见面的地点尽量安排在像咖啡厅这样的公共场合，在和别人熟之前，不要坐别人的车子回家。

5.不要光看别人的档案而不行动。当你搜索一下，符合你的人可能会有很多，如果你只是把他们搜集起来等以后处理，这很简单。记住：你最好一看到自己感兴趣的人，就马上给他或者她留言。其实只要几句话就可以了，因为对方可以通过你的档案来更多地了解你。还有，你要清楚，不是每个人都会给你回信的。就像你自己不会给每一个给你留言的人回信一样。但是只有你更多地给别人回信，才能使得更多的人知道你。

"是的，但是……"

你可能会说，我已经知道了这些道理，但是我没有时间，我是一个不善于社交的人，我需要有一个人逼着我去做这些。可是显然没有人这么做。其实你是想说："我更善于找一些借口，而没有去真正行动。"你必须要克服这些精神障碍，下面会教你怎么一步一步去做到这些。

1.我很害羞怎么办？

据说对于大部分人来说，最大的社交恐惧是站在很多陌生人面前发表自己的意见。也正是因为这样的恐惧使得很多人在事业上的发展受到限制。但是如果你去问那些已经克服了这种恐惧的人，他们当中10个有9个会说秘诀就是多多锻炼。这个道理也同样适用于跟陌生人的交往。

可以从你的朋友、熟人、同事开始，让他们把你介绍给他们的朋友。不需要找那种潜在的交往对象，只找那种可以使你认识更多人的人。

通常那些不善于社交的人看到善于社交的人应对自如，会说："为什么我不能做到像他们那样？为什么我不能进到一群人里面跟他们很好地聊天呢？"这都是因为人和人的性格是不一样的。有的人性格外向，在人群中能自如地跟别人聊天；而有的人性格内向，通常只会跟固定的某几个人聊天。如果你对自己的评价是害羞的，那么你可以尝试就跟一个朋友聊天。

一个在轻松的气氛中认识朋友的方法是，去参加一个有互相交流机会的课程。加入一个是让学员参与的，而不是光坐在座位听的课程，比如厨艺课堂、品酒课堂或者是学习一门外语的课程。如果你刚刚搬进一个社区，去社区做一名志愿者也是一个不错的选择。

2.我没有时间怎么办？

你必须自己挤出时间来，就算你一天要工作 10 小时，中间只休息 45 分钟。但是你到底想要得到什么呢？对你来说事情的优先权是什么样的？每天都给自己安排一个"呼吸空间"，让自己在这个空间里重新评估一下生活的重点，确定你自己想要的事情。如果你在读这本书，那么对你来说没有比找到一份爱情更重要的了。不要忽视你生命中这个重要的一部分！每天至少腾出 15 分钟来联系你的朋友，或者制订社交计划。在你去吃午饭的路上可以给你的朋友打个电话。每一天你都要考虑一下你的社交计划，以达到你的目的。

如果你发现实施你的社交计划跟你的责任、工作有冲突，那么你可以试图把两者结合起来。举个例子：如果运动对你来说很重要，那么你可以邀请你的朋友一起运动，邀请他们跟你一起参加瑜伽课程、一起游泳，或者一起散步、慢跑等。如果你必须每天下班以后回家去遛狗，那么你可以找也要遛狗的朋友一起出去，同时让狗狗们也一起玩。如果你没有这样的朋友，就去认识几个这样的朋友。

如果你每天需要花很长的时间工作，而且没有办法缩短时间，那么你可以尝试在午餐时间找点乐子。假如你有朋友在附近工作，那么你们可以一起吃午饭。如果你在一个很大的写字楼里工作，你可以邀请你的同事一起去吃午饭，同时让你的同事叫上他们那边的同事一起去。这是一个很好的机会，可以让你认识更多的人。如果你刚好在网上跟某人保持着暧昧的关系，刚好他的工作地点也在附近，那么你可以尝试邀请他共进午餐，这是一个很好的邀请见面的方法。如果你的朋友们不想在工作以后自己做饭，那么你可以组织大家一起轮流做饭，或者大家一起叫外卖。

对于时间的管理可能对你寻找爱情没有什么直接的作用，但是如果你想要寻找到合适的爱人的话，就必须挤出时间来结识新的朋友。也许你所说的没有时间只是一个借口。当你挤出了时间，却发现自己在社交中感到很不自在，于是没有时间便成了一个掩饰。也许你刚好缺钱花，而不想因此感到尴尬；也许不太懂一些基本的礼节，而又不想自己出洋相。如果是上面的任何一种情况或相似的情况，你只要诚实地面对，想办法解决就可以了。而且谁知道呢，说不定跟你约会的对象也不懂相关礼仪，或者他知道，并且很乐意教你呢。

3.我住在一个很小的地方，我已经认识了那里的所有人了，怎么办？

不管你觉得自己已经对你住的地方和人多么地了解，总还有很多是你不知道的。

环境总是在变，人来人往，也给你带来了新的机会认识新的朋友。但是如果你真的觉得你已经认识了周边的所有人了，那么你可以尝试着去认识那些远离你的住所的人。网络就可以帮助你寻找离你无论多远的人。10千米、100千米、500千米，随便！

4.如果我刚刚搬到一个新的地方，连一个人都不认识怎么办？

如果这样的话，你应该觉得自己是很幸运的，因为有很多新的朋友等待你去结识。还是那个建议，行动起来，去认识新的朋友。

坐在教室最中间的位置，因为大家都认为谁坐在中间，谁就是最引人注目的。

练 习：社交活动计划

开始策划

花时间看看下面哪些是你喜欢的社交活动。

☐ 跟朋友在家里吃饭。

☐ 参加派对。

☐ 随意的餐饮。

☐ 正式的餐饮。

☐ 去咖啡厅。

☐ 个人 / 双人体育运动（如打羽毛球、打网球、打保龄球，等等）。

☐ 多人体育运动（足球、篮球、排球，等等）。

☐ 远足 / 野餐 / 去公园。

☐ 去剧院。

☐ 看电影。

☐ 户外活动（文化的、音乐的、跳蚤市场等）。

☐ 夜店。

☐ 酒吧 / 俱乐部。

其他的 _____

从以上的活动中选择你感兴趣的：_____

_____

你都想邀请什么人来参加你的活动？ _____

_____

你想要怎么邀请他们？（面对面？用电话？用短信？用聊天工具？写一个宴请函？）_____

_____

_____

什么时候邀请他们？ _____

_____

你会请你的朋友带上他们的朋友一起来吗？（没有其他的选择，你只能选"是"！）

填好这份社交计划，把它贴在你浴室的镜子上或者你的冰箱门上。

女人能主动约男人出来吗

女人能不能主动约男人出来呢？传统的观点认为："不可以，这是男人们的事情。"可是现实会告诉你："为什么不能呢？"那么为什么可以呢？因为这很现实啊。有很多恋人开始约会前都是女人主动的，后来成为夫妻也都过着幸福、和谐的婚姻生活。

那么最好的方式是什么呢？不用说，当然是用不太直接的或者软性的方式来邀请。你有没有发现如果你对一个人说："我想知道现在几点钟。"马上对方会告诉你时间，虽然你没有直接地问现在几点钟。或者如果你说："我不知道你喜欢哪种电影。"这个时候对方就会下意识告诉你。当你说出类似这样的话，同时还配合着抬眉毛、抬起双手的动作，并且配上发问的语气，对方通常就会回答你的问题。这种方法是经过实践证明了的，女人用来邀请男人的方法。另外，你还可以老套地用写字条的方式来邀请对方。

　　李澜曾经是一家大型报纸的专栏作者，在一次访谈中她认识了王刚，4小时的时间里，他们聊了很多事情。她无法停止回想跟王刚在一起的时光，于是她决定做点什么。在一个周五的下午她给王刚写了一封感谢信："谢谢你陪我吃午饭，我很享受那个时光，还有我们的谈话。我不是很确定你是否方便并且愿意，找个时间跟我共进晚餐。"

　　就在她发出电子邮件的那一刻，她就开始后悔了，但是那已经晚了。那个周末，她跟朋友们出去玩，心里却一直都惦记着这件事。她很紧张，"有可能他根本就不会回复我。"她这么想着。

　　在星期一早上，电话铃响起，是王刚。李澜一下子感到心安了。他们约在星期二晚上一起吃饭。5年过去了，王刚到现在还留着那封邮件。

没有拒绝，只有选择

很多人害怕出去约会和社交的一个很重要原因就是害怕被拒绝，这样看问题的态度是偏颇的。当你主动开始寻找你喜欢的人的时候，你总是要花一些时间去约会，去经历一些你自己认为所谓的被拒绝，而且你自己也会做出一些你认为所谓的拒绝。在网络上，这就更加明显了，在你看别人的资料的时候，你自己就在做出一些选择，拒绝了很多人；反过来也是一样，别人也会拒绝你。交友网站通常会显示个人资料自从建立以后被多少人点击过。如果你发现你的资料被点击过很多次，可是没有一个人跟你联系过，那么就表明你被很多人给拒绝了，很多人认为你不适合他们。

拒绝，只是人们在选择过程中表现出来的本性。人们一般不会走进一家家具商场，看到第一个沙发就买下来。通常，你脑中会有一个大概的要求，然后再去逛商场，一个一个尝试，直到发现一个你认为适合的。大多数你不喜欢的沙发，会被别人喜欢上，而且摆在别人的家里非常适合。在你买车子、房子，还有其他对你来说重要的东西的时候，你也会经过这样一个选择的过程。所以必须和第一个男朋友或者女朋友结合是一种很荒谬的想法。跟你不喜欢的人度过一生是一件很傻的事情。如果你是那种很早就遇到了适合你的人，那么你是很幸运的。

事实上，你遇到的大部分人都不是适合你的，但是他们可能会成为你很好的朋友，或者可能会把你介绍给一个合适的人。对他人的交往开放一点，但是要记住并不是大部分人都适合你，就像你也不适合大部分人一样。

那种奇妙的感觉

在每个人的生活中都有这样的经历，偶然在一个橱窗中看到一件衣服或者家具之类的商品，就想："哇！那个一定很适合我。"你能回想起那种感觉吗？也许在你旅游的时候，或者见到一个后来成了你好朋友的人的时候，也有类似的感觉。

事情总是有两面性的。你一定也有过那种一见到某个人就觉得不舒服的感觉，你自己也不知道为什么。这样的话，你会选择和谁一起生活，又会拒绝谁呢？当你遇到适合你的人的时候，你的第一感觉就是我认为那个人就是适合我的。这种感觉不是被强迫的，也不是能够造假的。

回头再细细看看前面两段文字。闭上你的眼睛，让自己放轻松，感受一下那种感觉。然后你就知道了为什么拒绝是一件很正常的不值得你感觉到不舒服的事情。

欢迎拒绝

拒绝是你成功之路上的一次校正，你不应该为此感到悲伤，而应该自我检查一下，问自己："我从中学到了什么？""我下一次应该怎么做？"如果你不接受拒绝，那么你就会不知不觉地继续这种循环：行动一次，得到一个反馈，不经思考地又行动一次。就这样一直跟不适合你的人约会，被拒绝，然后感到失望。

那些一直重复做着错事，还期待会有好的结果发生的人，只会把自己推入失望的深渊。如果你一直接触并且爱

那些一直重复做着错事，
还期待会有好的结果发生的人，
只会把自己推入失望的深渊。

上那些不适合你的人，其实这并不是你自己心理上或者任何方面的不正常，而是因为你一直都没有走出那个失败的循环。回顾一下过去那些不适合你的朋友，从中找出失败的共同原因。这样，你就可以发现到底是哪里错了，在将来交朋友的时候把这个作为一个警告。

那么，当你出去碰到很多的新朋友，当你被拒绝的时候你该怎么做呢？处理被拒绝这种事情需要你有一个立即调整的态度。即使别人对你没有感觉，也不意味着你要放弃或者感到灰心丧气，这是一种要你继续努力的动力。就像如果你爬上一棵苹果树摘苹果，却发现树枝上根本没有苹果，你会感到很伤心，但你会认为这是你个人的错吗？当然不是。你应该接受这里没有你要的东西，然后接着去下一个地方寻找你要的。如果你对自己感到遗憾，那么就失去了想达到目标的希望。

大部分人拒绝的时候都会用一种很委婉的方式，但是也有一些粗鲁的、不优雅的人。当遇到这样的人的时候，应该这么想，很庆幸自己及早发现了对方是一个怎么样的人，还没有深深地爱上他。最理想的情况是，拒绝并不给对方带来伤害，但

是你肯定会多多少少感到一些失落和伤心，这毕竟是人的本性，不过尽量不要太伤心。反而，你应该在寻找爱情的旅途上接受拒绝。

学会接受爱情中没有拒绝，只有选择。如果约会之后发现双方互相都不适合的话，不要认为这是谁的错。这对你个人来说并没有任何错，只是意味着你和你的约会对象在某些方面并不适合而已。所以，做真实的自己，礼貌、优雅地跟对方说谢谢和再见，然后寻觅下一段恋情。

一切从你自己开始

只有你自己可以改变自己。如果你对现状感到不满意，也只有你自己有这个权力和责任来改变。你要对你自己的人生负责，你做出各种决定，你自己收获你的所得。

一、二、三，没有犹豫。这一刻就是你开始行动出去社交的时候。你可以慢慢开始，但是一定要把社交放在优先位置考虑。几个月以后，你就会发现你已经是一个交友的专家了。而且那时候，你一定会懊恼为什么自己以前没有这么做呢。

练习：社交活动

认识朋友一个很好的方法就是加入社团，如体育运动团体、俱乐部，或者你喜欢的一些课程。

阶段1：你喜欢什么?

体育团体或俱乐部：羽毛球、乒乓球、篮球、瑜伽、滑雪，等等。

娱乐消遣俱乐部：阅读俱乐部、诗社、电影社、棋牌社、插花社，等等。

志愿者或挑战者组织。

各种课程：舞蹈、音乐、厨艺、语言、品酒、雕刻、陶艺，等等。

户外娱乐组织：远足、骑车、潜水、钓鱼，等等。

其他的。

阶段2：说出一些你一直想要做的事或者想学的东西。

_____

_____

_____

_____

阶段3：去寻找如何参加这些活动。

询问周围的人，或者在网上搜索，把你寻找到的写下来。

_____

_____

_____

阶段 4：你哪一天开始行动？

_____

_____

_____

_____

如何让你爱的人也爱上你
亲密关系的秘密

第二章

搭讪的艺术

准备好交流技巧，这样当遇到
适合你的人的时候，你就知道
如何跟他展开交流了。

一个好的第一印象

有一句谚语："你根本没有机会改变你给人的第一印象。"这是千真万确的。人们在见到别人第一面的时候就在心里做了判断。即使你没有看到对方，也不意味着对方没有注意到你。你并不需要变成一个明星，但是有一些明星的特质却可以帮助你给别人留下一个良好的第一印象。这就意味着你出现在公众场合的时候，你就要对你自己、对你的穿着、你的站姿和你说话的方式有自信。因为人们的第一印象是建立在他们第一眼看到你的时候、在你还没有开口说话的时候——你的穿着和你的态度。

第一印象从态度开始

范宁、李琳、于洋同时参加了假日酒店举行的募捐活动。

在她们进入酒店的时候，她们的肢体语言便给人完全不同的感觉。范宁看起来很明显在享受着一切，她笑着观察四周，高雅地走进来。她表现得很自然、开心，她环顾了一下人群，看到一个朋友，然后走向她的朋友。李琳则刚好相反，她仔细地审视着周围，看起来很不想待在这里。她把手揣在口袋里，让人感觉她似乎在想："怎么这么多人，我什么时候才可以走呢？"于洋看起

如何让你爱的人也爱上你
亲密关系的秘密

来是带着很勉强的笑容走进来的，她耷拉着脑袋看着四周，好像想要找个地方把自己给藏起来。

这就是第一印象的来源：看起来。其实她们在进入酒店的时候态度是很明显的，但是只有范宁拥有很高的回头率，给别人留下了深刻的印象。

在别人离你还有半条街的时候、在地铁的另一端、在商店的另一端、在走进房间的那一刻，你都可以感觉到他们的态度。实际上，你可以给人一个非常好的第一印象。但如果你没有一个正确的态度，你给人的态度就可能会很糟糕。每个人都可以在一瞬间观察出别人的态度。态度造就了你，也可以毁了你。

"你好"和"再见"的态度

有两种截然不同的态度，一种是可以吸引别人的，另一种是排斥别人的。当你看到一个自信的、开朗的人，你会被他吸引。他在散发着"你好"的态度。相反，如果一个人看起来很傲慢、忧郁、精神紧张，没有人愿意跟这样的人在一起，因为他迟早会消磨掉你的激情。这种人散发着"再见"的态度。在社交中，你需要把忧郁的态度放到一边，展现出你开朗快乐的一面。这样会给你增加不少结交朋友的机会。

最好随时调整自己的状态，在社交场合中处于有利位置。所有这些都只要练习就可以了。想象一下你赢得了一场比赛，或者进行了一次成功的演说，或者正和家人或朋友享受着美好的时光……不管是什么，在你脑中重现那个美好的时刻，尽量越逼真越好，用一个词语来表示那个时刻，以后每想起那个词语就可以让你再次体会到那美好的感觉。

很多的演员、时装模特儿就是用这样的方法来使自己进入正确的状态的。有人说，有时候当他们进入一个特定的地方的时候，他们就像变了一个人，像是被按了开关一样进入了积极的、富有激情的状态。其实，你也可以做到的。在这一章里会有一个练习教你如何轻松简单地做到。

态度具有感染力

你有没有过这样的经历，当你跟一群人在一起，有一个人讲了一个笑话，另一个人开始笑起来的时候，其他人也会跟着笑，即使那个笑话并不是那么好笑。如果是紧张或者伤心的气氛的话，也会是这样的。原因是，人们都是会被其他人的情感感染的，这一点能帮助我们很快地融入周围的环境。如果你对着别人笑，那么作为回报别人也会对你笑一下。其他的感情也都是这样的。如果你叹气，别人会感觉到；如果你大笑，别人也会感觉到。

态度是有感染力的。实际上，你的肢体语言、你的声调，还有你说话使用的词语，都在散发和传达着你的态度。当你感到生气的时候，你看起来很生气、听起来很生气、你用的词语让别人感到不舒服。相反地，当你高兴的时候，你看起来很高兴、听起来很高兴、你用的词语也让别人感觉到很开心。激情的、性感的，还有其他的感情也都是一样的。

这种感染作用既有好处也有坏处。坏处就是一个人不好的情绪会影响到很多人。相同地，好处就是一个人好的情绪也会使得很多人的情绪跟着好起来。你可以好好利用这种感染性，调整你自己的感情，并且去影响别人。自己感到快乐，同时使你身边的人也感到快乐。

思想和情感，是哪个先产生的呢？这个问题就像先有鸡还是先有蛋的问题一样。它们是相互产生的关系。也就是说你的思想可以影响你的情感。在心理治疗中有一个领域，叫作感知疗法，就是基于前面的理论研究出来的。这个疗法对治疗精神沮丧、没有自信心、进食障碍等都有很好的疗效。改变你的思想，比如你的态度，就可以改变你的感受。

许多人都认为，对生活的态度完全是由发生在他们身上的事情造成的。如果现在正下着雨，他们就会指望着天气变晴，他们的情绪就有点烦躁。如果早餐是冷的，他们就会是愤怒的。如果有一个朋友没有在期望的时间给他们打电话，那么他们的态度是充满怨恨的，等等。他们认为自己的态度都是对发生的事情做出的一个反应。

但实际在很大程度上，你可以让自己有一种积极的思想。我们每天在经历很多事情的时候，其实都在对自己说我看到了什么、听到了什么、闻到了什么、尝到了什么。对于某些人来说，这种自言自语是一种获得，因为他们都看到事物积极的一面。比如："哦，下雨了，空气更清新了。"对其他的人来说，就是一件很郁闷的事情，他们自己把自己的心情给破坏了："下雨了，真糟糕，我将要度过糟糕的一天。"你一旦意识到这种自言自语的对话，你就可以改变对话的内容。当听到自己在说一些负面的话的时候，你就可以重新考虑去寻找事物好的一面。把"该死！我的鞋会湿的"这样的话转变成"我很喜欢听雨打到石板路上的声音"。

如何拥有一个好的态度

没有一个正确的态度，你就很难吸引到适合你的人，也吸引不到其他的人。你要通过说话和行为来展现出你的性格中最好的、最吸引人的一面来。你最好的性格是幽默、随和、性感、自信、随意，还是有安全感？你一定要让别人知道这些。但要记住的是，你的身体和思想是同一个系统的两个部分，你不能在不考虑其中一个的状况下去控制另一个。比如说，你想表现出一个笑脸，但是如果你事先没有一个正确的态度和很好的心情，你的表情就会很不自然。

那么怎么样拥有一个积极的态度呢？这个态度是不是就像穿一件衣服一样，想穿就穿呢？现在请你先回答几个问题。

1. 你把牛奶放在冰箱的什么地方?

2. 你喜欢快节奏的音乐还是慢节奏的?

3. 沙子流过你的手指你会有什么感觉?

4. 烫的面包和不太烫的面包闻起来有什么不一样吗?

5. 你喜欢柠檬或者甜橙的味道吗?

为了回答这些问题,你必须回想脑子里本来就储存好的那些感觉和信息。为了定位牛奶的位置,你要在脑海中产生一幅图才知道。为了确定你喜欢的音乐的节奏,你要在脑海中回顾一下你常放的音乐。想象沙子流过手指的感觉,你要想象着在闻面包,想象柠檬或者甜橙的味道。

心理学家认为,人们的下意识是不能够分辨真实事物和想象出来的事物的。比如说,想象一下自己咬了一口甜橙,你一定有口水增多的感觉。在下面的练习中你需要在脑海中想象一幅画面。首先你要想象的是冰箱中牛奶的位置。

练习:进入正确的情绪

从下面的选择中选一个:热情的、有趣的、自信的、好奇的。

假设你选的是自信的。现在闭上眼睛,想象一下你有记忆以来最自信的一个时刻。重现那个时刻,你看到的、听到的,甚至闻到的、尝到的,越详细越好。

首先,看看你想象出来的场景,把它当作一部电影来看。看看周围，看清楚细节；听清楚所有的不同的声音。这个时候，你就可以进入画面了。现在你不是在看电影，你是身临其境在这个场景里面。注意前景、中景，还有背景。尽量使颜色鲜艳、明亮。记住每一个声音，它们是从什么地方发出来的。这些声音是刺耳的还是甜美的？如果还有气味和味道，也把它们记下来。尽量地完善这个场景，并把它当真。

然后去感觉除了你的感受以外的东西：空气的温度、你穿的衣服、你脚的感觉、你的眼镜、你的皮带等。尽力去感觉还有什么其他的东西。

现在把注意力转移到你的内部感觉上来，看看你的自信心是从哪里感觉到的：你的肚子里？你的肩膀上？你的胸部？也感觉一下你的姿势。你是不是站得很高？你是不是高高地仰着头？

把你拥有的所有这些感觉，都集中在一起。然后夸大这些感觉，使这些感觉膨胀，再膨胀。

当你感觉良好的时候，喊出声音来："太棒了！"喊3次："太棒了！太棒了！太棒了！"然后再喊3次："太棒了！太棒了！太棒了！"接着再喊3次："太棒了！太棒了！太棒了！"

睁开眼睛，享受一下这种感觉。你刚刚做的是很有用的练习，也很简单。你只要十分具体地重现一次自信的感觉，然后对自己喊3次"太棒了"，之后你就可以很快地找回这种感觉了。在你闭上眼睛做练习之前，要保证已经清楚以下这几个步骤了：

如何让你爱的人也爱上你
亲密关系的秘密

1.重现电影。

2.亲身去看、去听、去感受。

3.把所有的感觉集中起来。

4.连接喊 3 次"太棒了"。

完美的第一印象

在你第一次见到别人的时候，你最想表现出来的态度是什么呢？先决定下来，你才能表现出来。完成下面的句子：

1.我想让别人看到＿＿＿＿＿＿＿＿＿＿＿＿＿＿＿＿＿

＿＿＿＿＿＿＿＿＿＿＿＿＿＿＿＿＿＿＿＿的我

2.我自己正确的态度是＿＿＿＿＿＿＿＿＿＿＿＿＿＿

＿＿＿＿＿＿＿＿＿＿＿＿＿＿＿＿＿＿＿＿＿＿＿

3.根据我想要表现的态度，我要通过＿＿＿＿＿＿＿

＿＿＿＿＿＿＿＿＿来刺激记忆，以做出正确的行动，说出正确的话。

站得高，感觉好

在面对面的交流中，最先相信的是我们所看到的东西，比如一个人的姿态和肢体语言；然后是那个人的声音、语气、语调；最后才是那个人说话的内容。加州大学洛杉矶分校的教授阿尔伯塔博士通过对“面对面交流”的研究，出版了一本书叫《对不协调的交流的解析》。书里提到人们的反应中有55%是出于对视觉上看到的东西的反应，有38%是出于对听觉上的反应，只有7%是出于对其他内容的反应。他认为，人与人沟通最基本的方式是通过身体的姿态，包括体态、面部表情、身体的移动，还有各种节奏，如呼吸的速度、手或者脚的拍打、点头，等等。

研究表明，人们在寻找配偶的时候，最重要的一个共同要求就是对方要健康。这一点可以追溯到我们的祖先那里，他们的愿望是多子多孙。当时的女性希望找一个聪明的捕猎者、强壮的保护者。男性希望找一个可以生育健康孩子的女性。我们判断健康的一个方法是通过观察别人的姿态：一个高高的，看起来健康强壮的男人，就意味着可以勇敢地面对一切。你的姿态可以传达出你的身体是否健康、充满活力。这种信息大多是在一瞬间传达的。

站得高，你心理上也会觉得自己高高在上。给你戴上高高的皇冠，你就会觉得你是最厉害的人。这就像思想和情感互相影响一样，身体和思想也是这样的。如果你感到伤心，很有可能你正低着头、噘着嘴，消沉地坐在那里。如果你感到开心，你就会笑着昂首挺胸。

其实，反过来也是这样的。你的态度也会影响你的心情！如果你噘着嘴，低沉地坐在那里，这肯定不是你开心的时候。如果你正蹦蹦跳跳，咧着嘴笑着，这也肯定不是你伤心的时候。你的身体是不会做出与态度相反的事情的。当调整到正常的、自豪的姿态的时候，你就会产生一种有自信的、有勇气的，甚至性感的感觉。你可以让好的姿势来加强你的感觉。

如果你想要拥有很好的仪态，可以去学习跳舞。跳舞可以给你带来很多的好处，可以加强你的力量，使你变得优雅，掌握节奏感；还可以通过舞蹈了解你自己的身体，经过一段时间，无论有没有跳舞，你都会保持着很好的仪态。

现在就看你的了

现在，你已经有了正确的、乐观的态度，可以出去寻找适合你的对象了吗？还剩下一件事需要考虑，就是你要穿什么。

如果对方首先注意到的是你的态度，那么其次注意到的东西就是你的穿着。实际上，这个过程是很快的，一般几乎同时看到这两样东西，然后就形成了对你的第一印象。你的穿着是会说话的。它告诉对方你自己是一个什么样的人。它同时还可以揭示出你的经济条件，你的穿着是平常的还是绚丽的，性感的还是保守的，时尚的还是传统的？你仔细看看你的衣橱，看看你的衣服是否能够让你穿出你想要的效果。我们每个人长期以来都养成了一种穿衣习惯和风格。但是许多年前的风格是否还适合现在的你呢？

可可香奈尔曾经说过："如果你穿得很糟糕，人们会注意到你的衣服，如果你穿得很得体，那么人们注意到的就是你本人。"问问你自己，你想要通过衣服给别人传达什么样的信息？你有没有想要强调你性格中的哪个部分？你衣橱里的衣服够用吗？同时也要考虑到你自己的身材，确定你想要成为的样子是否符合你的性格条件。

养成出门之前让自己处于最佳状态的习惯，并不是指每时每刻都要打扮得很完美，化好妆或者穿最好的衣服。只是说要打扮得足够吸引人，这样当你偶遇多年没有见面的老朋友的时候，就会觉得你依旧很好看。我们每时每刻都在给别人留下第一印象，而且你根本就不知道自己会碰上谁。

自信地穿着足够吸引人的衣服会让你感到不一样，也会让别人对你的反应不一样。我们的穿着打扮不仅会影响我们的行为和态度，而且会影响别人。你要记住，你打扮得越得体，别人对你会越尊重。也就是说，你要很自然地穿着你的衣服，表达出真实的自己，这就是最好的。如果你穿了一套很时髦的服装，但是你感觉很不自然，那么你应该试穿其他的衣服，直到你觉得满意又感觉自然为止。记住，人们看到你的时候也会同样感觉到你的不自然。

自信地穿着足够吸引人的衣服会让你感到不一样，也会让别人对你的反应不一样。

如何让你爱的人也爱上你
亲密关系的秘密

还要记住，穿衣服要看场合，看你要吸引什么类型的人。如果你想要给一个戴着太阳眼镜、开着梅赛德斯－奔驰的男人留下一个好印象，你就不能穿着破洞牛仔裤和"人"字拖了。

7个穿着得体的要点

穿着是一件很私人的事，但下面7个要点会对你如何着装有帮助。这几点没有一点是新奇的：它们都很普通但是准确、有用。总之，要记住一个黄金定律：保持整洁。

1.穿适合你的衣服。有很多人都穿着不适合自己的衣服，有的太大，有的太小，有的太长，有的太短。但是如果穿合适了，就会完全不一样。目标就是你的衣服合你的身。记住，价格不重要，合适最重要。如果你不确定衣服是不是合适，可以问问你的朋友们；如果你正在买衣服，你可以问问售货员。一件合适的外衣是你衣橱里必备的。

2.配饰会带来意想不到的效果。合适的配饰会让你的着装看起来更加完美。如果你有足够的钱来买质量好的东西来充实你的衣橱，那么就把它花在配饰上吧。买好的腰带、鞋子、钱包，或者围巾。但是要记住，不要过多。只要一两件配饰就可以起到点缀作用，要避免喧宾夺主。对于男人来说，一块有品位的手表就够了；对于女人来说，一条项链、一对精挑细选的耳环就可以了。如果你想要佩戴更多的首饰，那么一定要保证所有的首饰都搭配得很好才可以。毕竟，你还是想让对方记住你们的谈话，而不是你穿戴了什么东西。

3.确保你的衣着不会过时。在这一时间流行的服饰，在某个时候就会过时。如果你的衣服是过时的，可以穿那种比较传统的衣服。你可以买一些比较经典的衣服，这样就不用每个季节都更新衣橱了。

4.确保你的衣服整体效果是好的。使你的衣服较好地混搭在一起，这不单单是要做到不要穿黄绿条纹、粉色和紫色圆斑点的衣服，而是要确定衣服的布料、颜色、款式都要搭配得较好。它们搭配在一起，呈现出同一种正式或者随意的风格。别忘了你的配饰也要符合主题。随意的腰带或者鞋子很可能会破坏掉你的整个形象。我们的目的是吸引人，而不是分散注意力。

5.什么场合穿什么衣服。如果你不知道要如何打扮，打扮得稍微过头比不打扮要好。有人说，最好就是在出席什么场合之前就知道应该穿什么衣服了。你可以给组织者打电话咨询，如果是去一家餐厅或酒吧，你在平时就可以注意一下这里面的氛围。

6.保证你的衣服是干净的。这一点很重要。有时候你没有发现你穿的毛衣在上次穿的时候肘部沾上了巧克力、灰色裤子上被滴过一滴咖啡，或者你最喜欢的白衬衫已经很脏，需要洗了。同时也要注意一下你的鞋子，看看是不是干净的，需不需要擦干净。

7.注意细节。确定你的头发整理好了没有，你的指甲是不是干净的，并且修剪过了。还有就是要注意嘴巴上的卫生，没有什么比吸二手烟更让人心烦的了。保持清新的气味，但不要喷过多的香水。男士不要使用过多的须后水。记住，女人对气味比男人更敏感。

寻找适合自己的打扮

如果你觉得你还可以打扮得更好，那么就留心寻找一个更加适合你的打扮。你可以从观察周围人的打扮开始，注意留心那些吸引你的打扮。翻看一些时尚杂志，多逛逛街，浏览一些卖衣服的货架。留心大街上吸引你的人的打扮，看看他们是怎么打扮的。

寻找那些能够展示你想要展示给别人的东西，同时你又觉得穿着舒服自然的衣服。有些人穿衣服随大溜，没关系，但是要花点心思在衣着上加入一些可以表达自己性格的东西。有时候，一件小小的配饰可以让你显得与众不同，帮助你开启跟别人的一个交谈。举个例子，阿森的女朋友总是戴着一副手绘的眼镜，人们看到的时候总是要问她关于眼镜的事情。

就像你穿的衣服会说话一样，别人也通过衣着来表达自己。学会去理解别人通过衣着发出的信号，其实每个人都会在瞬间的印象之后对别人有一个评判。比如说，不同性格的人要穿不同的衣服才感觉到自在。你会发现那种有着控制欲望的人喜欢穿剪裁讲究的衣服；分析者性格的人喜欢穿正式的，有点保守的衣服；提议者性格的人热衷时髦的、亮丽的衣着；支持者性格的人更加崇尚休闲的便装。

总的概述

在广告的世界里追求的就是一个产品给人的印象。打广告的人在他们的产品上花了很多钱来给人留下深刻的印象，如低脂肪饼干、迷人的唇膏口味。打广告，就是想要在受众当中形成一个足够好的印象，这样，产品就可以进入市场了。他们都知道一个好的印象对消费者的尝试和购买来说会起到很大的作用。

你想要给别人迷人的第一印象，不用靠电视节目、光彩的广告，也不用靠各种各样的证书，而是要靠你的态度、你的姿态、你衣橱里的东西。关注这些对你的外表起到决定性作用的因素，会使你在爱情的市场上比以前更受欢迎，也会使得你的自我感觉更加良好。当我们自我感觉好的时候，这种心情也会影响到其他方面。我们会做出更好的决定，感到更加富有激情。这种感觉会激活我们的潜在激情，这种激情也会感染我们周围的人。

想想你穿的衣服和整体的形象，再想想这个形象跟你想要塑造的形象是否符合。回答下面这些关于你的形象的问题，可以帮助你更好地塑造自己的形象。

1. 我想要重点传达出我性格中的哪个部分？

2. 我想要别人看到我的外表是什么样的？

3. 为了达到以上两点，我需要做什么改变？

4. 为了达到目标，我第一步要做什么？

练习：姿态、节奏和姿势

姿态，简单地说就是你的动作要非常有自信，并且优雅。这是一种自己相信自己的感觉，不是傲慢，这要通过姿势和节奏来表达。想要显得性感、有吸引力，获得高的回头率，你就要从完美的姿势做起。花几分钟时间做一下下面的练习，并且时常重复。那么慢慢地，你就能保持一个很好的姿态。

这看起来可能有一点儿可笑，但模特儿训练学校就是用这个方法来训练学生的。不管男生还是女生，他们从第一天开始就这么做。这很简单，但很管用。

1. 在你头上放一本字典。

2. 绕着屋子走。为了保持平衡，你大概需要花10分钟的时间。

3. 顶着书进出门，开门和关门。

4. 继续顶着书，上下楼梯。

5. 坐下来，数5下，站起来，然后去另一张椅子那里做同样的练习。

6. 在每一步之间，都停顿一下，闭上眼睛，感觉你的姿势。记住那种端着肩膀、绷着脚的感觉，记住你走路的节奏和优雅的姿态。

　　7.如果做到以下的动作你就合格了：顶着那本字典喝咖啡或者喝茶。而且要记住从此以后，在你每一次喝咖啡或者喝茶的时候都要觉得有一本大字典顶在你头上，并把姿势调整到那种感觉。把字典放到一边，不论在你遛狗、走路、排队，还是看电视的时候都继续保持着那种姿态。

你好吗，你过得怎么样

哈佛的健康科学研究院和其他著名的研究所的研究都表明人们在见到对方的前两秒之内就决定了是否喜欢对方。我们通过自己的主观情感下意识地对对方的外表等非语言的感官做出一个评价，如"我觉得跟他在一起让我感到安全""我觉得我不可以信任他"，等等。这种判断引导我们对遇到的人做出一个瞬间的决定，喜欢还是不喜欢。如果我们喜欢对方，我们就会倾向于看到他好的一面；如果我们不喜欢对方，我们就会倾向于看到他不好的一面。

有些特定的行为会使人感到舒适，而有一些行为则会让人感到警惕，因此你可以用一些方法来控制别人对你的第一印象。吸引人的人在你第一次见到他的时候，便会跟你眼神交流；而保持警惕的人则会避免跟你眼神交流，或是眼神不会在你身上停留很久，还显得有一点点紧张，这让你也觉得有点儿不舒服。吸引人的人在见到你的时候会对你笑；而警惕的人则会表情严肃。吸引人的人会很热情地通过肢体语言和文字语言告诉你："欢迎你。"而警惕的人会没有什么表情地说："走开，我还有别的事情要做。"

使用肢体语言来建立信任

米雪儿在滑雪用品店里工作，而杨帆是这里的常客。杨帆被米雪儿深深地吸引住了，而且他觉得米雪儿也注意到了他。他想要接近她，就特意报名参加了一个滑雪的课程。他们之间的表演开始了，让我们来看看双方的肢体语言吧。

杨帆过来坐在报名桌边，正对着米雪儿。这个桌子其实是一个摆了几张椅子的圆桌。在米雪儿整理报名表的时候，杨帆抱着肩膀，轻咬着嘴唇，舌头在下嘴唇里搅动，眼睛看着地上，还不时偷偷看米雪儿一眼。

米雪儿整理好报名表以后，大方地看着杨帆，她的胳膊肘放在椅子上，手臂轻轻地放在桌子上。她看着他的眼睛，笑着给他解释滑雪的课程，还问了一些问题，并写下答案。杨帆这时候不再用手抱着双肩。他的眼睛看着屋子里的其他地方，却很少看米雪儿。

在米雪儿接着解释的时候，杨帆把他的右胳膊肘放在桌子上，转过来面朝左坐着。他看着门口，目光游移。米雪儿也不自觉地跟着转过身体看着杨帆看的方向，她的左胳膊肘也很自然地放在了桌子上。他们两个的样子就像互相照着镜子一样。

杨帆显得放松了一些，而且开始更多地注意米雪儿了。过了一会，米雪儿坐回原来的姿势，大方地看着杨帆。杨帆也这么做了，他把右手放在左边的腋窝下，左手捂着嘴巴。终于，他可以带着微笑，大方地看着她了。过了一会儿，米雪儿也模仿着杨帆的动作，并且向前微倾，很清楚并带有热情地对杨帆说："课程在下星期六的 9 点开始。"说完她展开手臂并放在椅子上，杨帆也这样做，笑着问："那么，经过了这么多年的滑雪，你认为我可以很好地掌握滑雪板吗？"

他们互相看着笑了。"当然，你会的，我觉得你会学得很开心。"米雪儿说。

在这个小场景里，杨帆开始的时候有点警觉，放不开。米雪儿呢，态度很吸引人，很热情。最后，米雪儿的热情化解了杨帆的拘束，让杨帆放松起来。米雪儿就是在遇到了有可能会进一步发展的对象的时候，运用了三条最主要的原则。这个原则在你们遇到想要进一步发展的对象的时候也一定要使用。它们是：

1. 看着对方的眼睛。

2. 面带微笑。

3. 大方热情，使用肢体语言。

现在我们逐个来看这几个行为。

心灵之窗

当你走进一家商店或者银行，工作人员都不怎么看你，你会有什么感觉？或者当你遇到一个新的朋友，他根本不正眼看你，只看你的肩膀的时候，你有什么感觉？答案很简单：你感到自己被轻视了，而且对对方产生了一种不好的第一印象。这都是因为如果没有眼神的交流，那么就不会产生信任和尊重。

> 养成当你遇到新的朋友的时候，注意观察他眼球的颜色的习惯。

眼神交流是人们与生俱来的本性。这在社交当中是很基本的，也是很重要的一点。英格兰的伯克贝克学院脑与认知研发中心的特雷莎法罗尼博士的研究表明，即使是刚刚出生2天的婴儿也能够感觉到有人在看他。不仅如此，在他4个月大的时候就开始表现出对人们的脸的强烈兴趣。他对凝视别人的脸比看其他东西感兴趣得多。适当的眼神交流可以帮助你与人建立起联系，这对你进一步交往也相当重要。杨帆在放松之前一直不能正视米雪儿，这妨碍了他在米雪儿心中建立起信任和尊重。然而米雪儿却一直寻求跟杨帆的眼神交流，这极大地帮助了他们的进一步发展。

眼神交流是一种亲密的行为，使用恰当的话，会帮助营造和谐亲密的气氛，有时候更会带来性方面的亲密。最简单的养成眼神交流的习惯就是，当你遇到新的朋友的时候，注意观察他眼球的颜色。到底是什么颜色并不重要，但是这个颜色却是一个帮助你养成习惯的道具。你可以在商店里练习，在去餐厅的时候练习。遇到每个人都练习，直到你养成这个习惯为止。记住，人天生就是有眼神交流的本性的。

你微笑，世界也会对你微笑

没有比眼神交流更能让人知道你在注意他的了，也没有比微

如何让你爱的人也爱上你
亲密关系的秘密

笑更能让人知道你是快乐的了。微笑对周围的人都有好处，可以帮你建立一个好的形象，而且，微笑有着感染别人、传递快乐的作用。当你微笑的时候，你嘴角和耳朵附近的 14 块肌肉会紧绷，这会产生一种电信号刺激大脑分泌多巴胺，让你产生舒服的感觉。试试看，你会感到自己更加有魅力，有满足感。

就像态度一样，微笑还有感染别人的作用。当你对着别人笑的时候，别人通常会以微笑回应，这也会给别人带来一些愉悦的感觉。你的微笑可以给别人带来愉悦，而且很简单就可以做到，不是吗？

跟别人进行眼神交流，对别人微笑，这会在你的社交中建起一座桥梁。你会得到更好的服务，会交到好朋友，对自己感觉更好，而且对适合你的人有更大的魅力。

还记得前面做过的练习，不由自主地喊 3 声"太棒了"吗？现在大声喊出来，你会不由自主地收紧微笑的肌肉，使得那种感觉在你身上流动。很多模特儿和演员都不断重复着一个词来使得自己有一脸天真的笑容。这真的很管用。所以，在你下次要见别人的时候，就先对自己说 3 声："太棒了！"

肢体语言表达的意思

滑雪用品店的米雪儿和杨帆就是在肢体语言方面表现的两个极端：热情的和封闭的。米雪儿是热情的，她的肢体语言传达出合作的、赞同的、愿意的、热情的信号。热情的肢体语言就好像在说："我跟你在一起很舒服。"然而，杨帆的肢体语言无意中显示了他的抵抗性心理。他的肢体语言传达出沮丧的、焦虑的、紧张的信号。不管当时他的真实感受是怎样的，他给人的感觉就是这样的。封闭的肢体语言就好像在说："我跟你在一起感到不自在。"

热情的肢体语言

区分开放和封闭肢体语言最简单的方法就是：开放的肢体语言是发自内心的，欢迎别人的态度。它显示了你对别人的信任，就好像在说："好的。"然而封闭的肢体语言很警惕，就像杨帆刚开始和米雪儿聊天的时候，那样的肢体语言会给人感觉不友好、不开心了。不管他当时的心情是怎么样的，都好像在说："不！"

婴儿是展示肢体语言最好的例子。当他们开心的时候，他们躺在那里展示着热情奔放的肢体语言；当他们不舒服的时候，就会有完全不一样的肢体语言。

如果你想让别人感觉你是吸引人的，不警惕别人的，那么你就要在说话之前就表现出热情的肢体语言。其实你选择的态度就会对你的肢体语言起到决定作用。"你好！"这个态度就是一个热情的态度，就像米雪儿那样。热情的肢体语言通常包括以下的动作：

1. 展开你的手臂和腿。

2. 与对方面对面保持眼神交流。

3. 保持好的姿态。

4. 向着对方微微前倾。

5. 保持手掌打开。

6. 保持肩膀放松。

7. 动作稍慢，放松。

8. 保持相对让人放松的气氛。

热情的姿态是沉着的，事先准备好的。这种姿态就是要让别人注意到的。当热情的脸部表情（好的眼神交流和笑容）与信任的、快乐的、接受的肢体语言联合在一起的时候，你的社交活动就会一切顺利。

热情、积极的肢体语言和姿态能帮你跟别人接触，它们是另外一种形式的拥抱或者是心对心的交流。

封闭的肢体语言

如果热情的肢体语言给人的感觉像是一个热情的拥抱的话，那么封闭的肢体语言就像是一个无情的蔑视。这种肢体语言给人的感觉是警惕的、疏远人的。封闭的肢体语言包括：

1. 逃避别人的眼光。

2. 交叉着手臂或者腿。

3. 紧握双拳。

4. 不面对着对方。

5. 坐立不安。

6. 捂着嘴巴。

7. 行为僵硬。

8. 有着一种让人不舒服的气氛。

养成摆出热情的肢体语言的习惯，注意对方眼睛（确保你们在进行眼神交流），保持微笑和真诚。做到这些，你就会很容易让别人对你建立起信任。

个人姿态是一个用来描绘肢体语言的词语。就像杨帆的封闭姿态，如果他在双手抱着肩膀的时候同时面对着米雪儿，笑着看她的眼睛，那就不是一个封闭的姿态。有的时候，特定的肢体语言传达出来的是与我们想象不同的意思。有的人紧抱着肩膀也许是因为身上某个地方痛。有些人双手抱在胸前可能是因为寒冷。

最简单、最快速地表达热情的态度就是面对着对方，诚心地交流。这样的交流如同你把自己的心掏出来让对方看。

如果你能够让对方看到你的双手是张开的，即使手上没有任何东西也会使对方更加信任你。为了让对方放松，你可以把双手摊开放在对方可以看到的地方。

下一步：谈话

好了，所有的非语言部分你都准备好了：你的态度很好、打扮得很得体，而且拥有热情的肢体语言。现在该开始说话了。

迄今为止，较简单的认识新朋友的方法就是经过别人正式的介绍。接下来你要做的就是伸出双手，说："嗨，很高兴认识你！"一个称职的介绍人通常会给双方介绍一些可以开启你们话题的东西。比如："苏珊，这是莫非，我们合伙使用一辆车子。莫非，这是苏珊，她是我的邻居。"这是一点小小的可以引出两人对话的信息，就像对火焰的点燃作用。这时候，苏珊对莫非说："你在市区工作吗？"或者开玩笑地说："你们两个一起开车？那谁来调收音台呢？"如果是莫非先开始说话，他可以简单地问苏珊住在介绍人隔壁多久了，或者可以调侃地问介绍人是不是一个好邻居。

尽量利用刚开始的时间

苏斌是李响和袁梅共同的朋友。有一天早上，李响和袁梅同时出现在苏斌的房产经纪办公室里。苏斌是一个好交际的人，他知道如何介绍双方。对话就这样展开了。

"我不知道你们两个认不认识，"苏斌说，"袁梅，这是我的球友李响。我们一起打网球，而且他老是赢。李响，这是我的老乡袁梅。从我们离开家乡出来闯荡已经有 5 年了。我们是上个周末偶遇的，你信吗？"

袁梅转身面对着李响，微笑，做着眼神交流，并伸出手说："你好，很高兴认识你。"

李响看着袁梅的眼睛，微笑，握了她的手（不是很紧，也不是很松），说："也很高兴认识你。"

袁梅笑着说："谢谢，你在网球场上也是这么热情吗？"

"两位，"苏斌说，"我有一个电话要打。你们两个先喝杯咖啡，这咖啡是刚刚冲的，我一会儿就回来。"

"5年可以发生很多事情啊。"李响一边走向咖啡壶一边说，"你后来去了哪里？"他关切地问。

"大部分的时候，我每天花12小时的时间帮脾气不好的人解决问题。这对大部分人来说是没意思的，但却是我喜欢的工作。"

"要咖啡吗？"李响问。

"好的，请给我黑咖啡。"

"让我来猜猜，你是一个医生，在维和部队里工作是吧？"

"你真幽默，"袁梅笑着说，"不，不是。"她咯咯地笑："你呢？我猜你是做房地产的。"

李响摇摇头说："不，至少不是你想的那样。"

"你是一个网球教练？"

"这个职业不好吗？"李响说。

要好好利用每一次机会，李响和袁梅很幸运，因为苏斌在介绍完他们之后给了他们一些时间彼此共处，而且他们也很用心地跟对方开着玩笑，营造了很轻松的气氛。他们还使用了肢体语言、脸部表情和笑容，不经意间从刚刚认识进展到热烈地交谈起来。

可以看得出来，李响和袁梅都准备好了，而且很愿意给对方留下一个好的印象。袁梅采取了一个"就不让你知道"的调皮态度，她调侃的态度给人留下了一个很好的印象。李响也做得很好，他接着从苏斌夸奖他的球技谈起，并且把话题从袁梅 5 年的生活展开，营造出神秘的气氛。他们两人其实完全可以向对方摊牌，直接介绍自己的职业，但是他们没有这样做，而是互相开玩笑，这样使得他们彼此更吸引对方。

开场白

假设苏斌没有为李响和袁梅的谈话铺好路又或者假设那时候刚好来了个电话，苏斌还没有来得及详细介绍，就去接电话了，这样的话就会有 3 种开始的方式。他们中的一方很快会为了营造融洽的气氛而做出以下 3 种行为之一：第一种是表述，"这个办公室的阳光真好，我很喜欢早晨的阳光"；第二种是问题，"你这么一大早过来为了什么事啊"；或者是第三种，一个真诚的恭维。他们也可以混合使用上面的 3 种行为方式。

因为恭维的东西是很私人的东西，有时候会令人生厌，所以恭维对方是一种很冒险的方式。如果李响和袁梅是在外面旅行，脖子上都挂着相机，那么他们就可以这样开始对话："哇，那是天塞的镜头吗？真是太好看了。"但是他们是在一个房产经纪的办公室里，除非李响能够具体地说出："你衣服领口上的矢车菊是刺绣吗？它真漂亮。"不然的话，李响最好选择其他的方式开始谈话。只有当你很真诚的时候，恭维才起作用。也只有你很擅

> 只有当你很真诚的时候，恭维才起作用。

长如何恭维别人的时候才可以，不然就会显得很危险。

以一句陈述之后跟着一种问题的方式来开始话题是一种比较安全的方式。其实你也没有必要去过度思考如何开场，开场白的作用就是看看对方有没有兴趣跟你谈话。这是一种开始谈话的邀请。从一个表述开始，可以谈体育、天气、场所，或者周围的环境等，然后加上一个小问题，如：是这样吗？她有吗？……如果你说："今晚有点冷，对吗？"对方就会意识到这是一个开始谈话的意思，并给予回应，尤其是在你也表现出想要得到一个回应的时候。从对方回应的方式里，你就可以感觉到他是否愿意继续谈话。按照常理来说，越热情地回应越好。然后，你就可以根据对方回应的程度再问一个问题，如："你觉得谁谁谁怎么样？"花点时间看看电视上那些谈话节目的专家是怎么做的，他们都是从一个问题、一个小小的剪辑、一个绯闻的报道开始，然后用一个设计好的问题引出很多信息（不是只用回答"是"或者"不是"的问题）。

一个小窍门：在刚刚见面谈话的几分钟里，多使用对方的名字。这有着很奇妙的效果。毕竟人的名字是语言里面对他最重要的字眼。但是一定要不经意地这样做，因为太刻意的话就像是一个销售员在强调产品一样。

更多的信息

无论你是被介绍给别人，还是有人把别人介绍给你，你知道对方的信息越多，你们就越容易继续交往。

如何让你爱的人也爱上你
亲密关系的秘密

除了注意观察和仔细倾听，你还可以在谈话中鼓励对方告诉你更多的信息。举个例子，如果徐恺在社交场合试图接近一位他不认识的女性，他可以说："你好。"她肯定会礼貌地回应："你好。"但是如果徐恺打招呼的同时加上一些额外的信息来就可以使他们进入一个谈话。他可以简单地说："你好，我是徐恺。"或者更具体地说："你好，我是徐恺，来自山东，这是我第一次来这里。"那么这个时候就轮到甄妮了，她可能会回应告诉徐恺自己的一些信息。徐恺也可以用肢体语言表现出疑问的样子，并加上一句话："你呢？"

谈话就像一场网球比赛。如果你把球放在另一个人的场地里，那个人通常会把球打回来，而且很自然地这么做。如果他没有这样做，你可以鼓励他这样做。重要的是你是否营造出了那种彼此互相交流的气氛。然后你就等着球被打回来了。接下来你也就可以把聊天内容从小话题提升到其他的更加大量的实际内容来了。

练习：介绍"工程"

在聚会的一群人中，如果有一个人吸引了你的话，不要犹豫，去叫主人或者你们共同认识的朋友介绍你们认识。不要把这种事情留给缘分。你要自己准备好大概 10 秒钟的介绍，告诉你的朋友怎么介绍你。这个可以包括你的名字、你来自哪里、你的工作，或者关于你的可以让人记住的东西，把这些信息说得有趣一些。这样的话会比下面这种介绍要好很多："甄妮，这是徐恺，他来这里的时候全身都淋湿了。不是吗，徐恺？"

下面这一点也很重要：两个人是伴，三个人就显得拥挤了。你要很礼貌地请主人介绍你，告诉主人一些关于你的有趣的事情，然后离开。因为三个人一起的气氛不适合深入交流，无论谁不说话都令人尴尬。

如果你真的想要给人留下一个很好的印象，你也可以在主人介绍你们认识之前，让主人告诉你一些关于你想要认识的人的有趣的事情。然后在你们聊天的时候，你就可以说："李艾告诉我，你上个月自驾去青海湖。就你自己吗，说来听听？"这种方法可以让你更快地了解对方。

接近陌生人

你见到陌生人的环境对你、对对方的感觉和你如何接近对方都有很大的影响。最好的环境就是处于一个很安全的地方，比如派对、聚餐、俱乐部，或者学习小组等，你可以找一个中间人介绍你们认识。在一个安全的地方，经过双方都认识的人的介绍，人们会更愿意分享彼此的兴趣、价值观和趣味等。而且这样还可以从一个很简单的话题开始了解对方。比如："你觉得安妮怎么样？"或者："你怎么知道这个俱乐部的？"

总是有很多时候，我们在诸如机场、商场、超市，或者火车站等公共场所，遇到一些我们很想认识的人。对于大部分人来说，这都不是一个很好的认识陌生人的场合。毕竟，在我们小时候，父母就教育我们不要跟陌生人说话，而且我们一直都有这样的固定思维。现在我们要给自己定一个新的规矩。其实对于小孩子来说"不要跟陌生人说话"是一个很好的警示。而对于成年人来说，这就很荒谬了。轻松、简单地接近陌生人是一种很好的社交技能。它在你生活和工作的方方面面都是很有益的，如在你需要一个朋友的时候、找工作的时候、想要找一个肩膀靠着哭的时候，或者是找一个人陪你出去旅游的时候。

无论是在什么情况下，接近陌生人不外乎两种方式：直接的方式和间接的方式。

直接的方式

很多人在生活中都想遇到这样的人，不需要你说什么，他就可以知道你要什么，而且会尽力去满足你的愿望。很多时候，人们都会因为别人没有发觉自己的意愿或者没有满足自己意愿而感到沮丧。其实，最好的得到自己想要的东西的办法，就是自己主动去追求，而不是给你喜欢的男性或者女性使眼色，期待他们会发觉到你。现在就要行动起来，走过去，表达你的意愿。

> 很多人在生活中都想遇到这样的人，不需要你说什么，他就可以知道你要什么，而且会尽力去满足你的愿望。

对于大部分人来说，行动前总是有点恐惧。除非你是一个影视明星、一个模特儿，或是一个出名的有钱的单身男女，否则你就需要很大的勇气去主动跟一个陌生人聊天。但是有很多时候都是要么你马上行动，要么你以后再也见不到这个人了，这时候也许会有一种力量征服你，促使你行动。

莱恩是一个重型设备的进口商，有一天他从阿姆斯特丹坐一辆半空的火车去海牙。跟莱恩隔着走廊，坐着两个打扮得很迷人的快40岁的女人，正好跟莱恩的年纪相仿。她们正在讲英语，

如何让你爱的人也爱上你
亲密关系的秘密

莱恩忍不住去听她们的谈话。她们中的一个人是美国人，提到自己是在海牙负责海外报道的记者；另一个年轻点的印度女人，打扮得像华尔街经纪人，她说着很标准的英语，但是带着印度口音，提到她在英国海上航线工作。莱恩强烈地觉得她就是他想要找的类型："她说话缓慢，用词仔细精确，打扮得十分得体。"

这列城际火车会停靠两个站，莱恩知道自己会在这两个女人下车之前下车。他深深地被那个女人吸引了，他很想在下车之前做点什么。他当时一点都没有犹豫，直接走过走廊，微笑着对那位记者说："你好，打扰一下。"然后他转向另一个女人，使用只有你我两人的口气，说："你好，你是否介意我说一些私人的话？"

"我不知道。"那个女人回答道。

"我是想说我坐在这趟火车上半小时了，你们两位交谈得很投入，我忍不住一直在听你们聊天。"他停了一下接着说，"我只是想告诉你，你的声音真美。"

她很优雅地回应道："谢谢。"

"我觉得她真的很吸引人。"莱恩停顿了一下想看有没有回应，但是如他所料，她没有回应什么。"我想知道如果我邀请你出来吃午餐你会同意吗？"他问道，并且轻微地点着头期待着她同意。

"我不知道。但是很感谢你的夸赞。"那个女人回答道。他的机会好像就快消失了。那个女人好像真的被莱恩说得很开心，但是她还是摇了摇头，好像说："不。"

"这样吧，"莱恩说，"这是我的名片，星期三我回纽约。你可以去网上查一下，我没有说谎。考虑一下吧，当你觉得合适的时候给我打个电话。或者你改变主意了，想要一起吃午餐，今晚给我写一封电子邮件。说不定我们明天就可以一起去吃午餐了。你自己决定。"这个时候莱恩依然看着她的眼睛，微笑着，然后转向那个美国女记者说："谢谢。"他又转向那个女人，提高语调说："再见。"然后就拿着行李穿过车厢，在那一站下车了。

那个女人的名字叫珊莎。她在第二天早上给莱恩打了电话，然后他们在海牙的皇宫附近一起吃了午餐。"她让我觉得我可以征服世界。"后来莱恩跟他的朋友说。"他让我觉得我是他遇到过的最聪明的人。"珊莎在回忆的时候这样告诉她的美国记者朋友。

在长达 18 个月的远距离恋爱之后，莱恩和珊莎结婚了，然后一起搬到了英格兰南部居住。

他是怎样做到的

莱恩其实经常坐火车，或者坐飞机出差，他并不经常在旅途中跟女性搭讪。但是这一次不同，他有着十分强烈的欲望想要跟珊莎说话，所以他想也没想就行动了。如果他犹豫的话，理性会告诉他这样做很荒唐。但是他心里强烈地想要去做，然后他成功地跟珊莎交往，最终找到了适合自己的另一半。

在跟珊莎谈话的过程中，莱恩就用到了一些被称为"不可抵抗的语言模式和姿态"的技巧。

如何让你爱的人也爱上你
亲密关系的秘密

当莱恩把自己介绍给珊莎的时候，他使用了一个被催眠师叫作"加速现实发展"的技巧。这是一个很好的方法，可以弱化无论是直接的方式或者间接的方式搭讪带来的不好影响。为了使你感觉到放松，催眠师会把你的注意力吸引到三个可证明的或者很明显是正确的事情上去。然后，再告诉你一个假设，使得你也相信这个假设。举个例子，催眠师会这样说："你现在就坐在这里（第一个事实），听着我的声音（第二个事实），当你看着你前面的墙的时候（第三个事实），你就会感觉到你的肩膀开始放松，整个人都轻松下来（一个假设）。"

我们现在回到莱恩对珊莎说的话。首先他提到了三件她同意的事情：是的，他们都在火车上；是的，他们已经在火车上坐了半小时；是的，她一直都沉浸在她们的谈话里面。莱恩做的就是把当时的情景给描述一遍，珊莎同意这些事情，下意识地开始赞同莱恩说的事情。而他没有说什么她能够反驳的事情。比如说，他没有说珊莎很喜欢她跟美国记者的谈话。也没有说珊莎觉得位置很舒服这种他自己不确定的事情。

配合着真诚的肢体语言和声音，莱恩的这番话是让人难以拒绝的。这种话通过给人罗列很明显的现实真相，然后很微妙地使人进入放松的意识状态。

举个例子，假设你跟你的两个儿子正在迪士尼乐园里排队玩游戏。站在你前面的是一个很有魅力的男人，带着他的两个女儿。你就可以很随意地跟他这样说："在这么好的一天，看着孩子们高兴地玩，听着他们开心地笑，我觉得很舒服。"如果你前面说的话都是可证实的事实，而且孩子们也都玩得很开心的话，那么类似这样的话在沙滩边等其他场所也都适合。无论最后有没有带一个假设，这样的话语都会使得人们放松，并且倾向于相信你。

头部的技巧

你也许发现了莱恩在邀请珊莎的时候使用了"头部的技巧"。这是在问别人是或者不是的问题的时候，使用的微妙的技巧。空中小姐在飞机上问乘客问题的时候就是使用这个技巧。"你还想要其他什么东西吗？"如果她们想要得到肯定的回答，她们就会微微地点头。如果她们想要得到否定的回答，那么她们就会微微地摇头。无论是不是下意识的，人们总是会对视觉的信号做出反应。当莱恩问是否可以约珊莎出来的时候，他就是微微地点头，想要得到肯定的答案。虽然，珊莎当场拒绝了，但是那个时候她的心里一定不是这么想的。

软性的问题

软性的问题，就是不直接地问出问题，但是也要表达出想要得到答案的意思。如果你像这样问一个人："你知道公交车站在哪里吗？"对方肯定不会用是或者不是来回答你，他会告诉你具体的地点。如果你前面仔细看的话，你就会发现，莱恩并没有直接问珊莎是否愿意跟他一起吃午餐。实际上，他把问题嵌在对于他的好奇的一个陈述里面："我想知道如果我邀请你出来吃午餐你会同意吗？"他提出了问题，但是没有直接问。他通过假设的语气弱化了问题。稍微直接一点的方式是这样的："如果我打电话给你，你会接吗？"后面是一个真正的问题，但是里面仍然存在假设的语气，所以对问题也有弱化的作用。软性的问题比硬性的问题使人感觉更加舒服。它能帮助你更快更温和地掌握谈话，而且显得更加感性。对于珊莎来说，她既收到了信息，也感到十分高兴。

具有影响力的建议

电视和广告通常都使用有影响力的建议，也被称为隐性的导向，来加强和引导受众的行为。有说服力的人也都是这样做的。当莱恩说："考虑一下吧。当你觉得合适的时候给我打个电话。或者你改变主意了，想要一起吃午餐，今晚给我写一封电子邮件。"他把有影响力的建议用到了这里。还有一个秘诀就是在你说这个建议的时候，要改变声调，配上肢体语言，突现出这个建议来。莱恩就是稍微停顿了一下，再说："给我打个电话。"然后把语调变回来，这样显得有一点轻微的命令性。他还一直看着珊莎的眼睛，确保她在注意听他说话。

另外一种建议的形式是故意说得模糊一点。找一个你和另一个人都有的共同点，比如用网球来举例。你可以这样说："如果你，跟我一样，喜欢打网球的话，你也会喜欢使用新出的寿命更持久的网球吧？"想象一下你说话的语气一定是这样的："如果（很小的停顿）你，像我一样（很小的停顿），喜欢打网球的话，那么你也会喜欢……"这个时候对方通常会同时同意两个信息，一个是他像你一样，另一个是他喜欢什么。他是下意识地接受的，并没有意识到你使用的语句带有一点点命令的语气。实际上做到这一点很简单。你可以想象一个场景，练习一下使用比说其他话稍微严肃一点点的语气来说重点部分，当然，要注意眼神交流。当你能做到的时候，再回过头来重新读一下莱恩对珊莎说的话，在说要求性的部分前面稍做停顿，然后说得稍微像指令一样。

无论你是否用直接的搭讪方式，上面的技巧在你想要吸引一个人的时候，在你跟别人沟通的时候，都是有用的。在几秒钟之内，莱恩就行动了，他使用技巧获得了珊莎下意识的信任。他使用软性的问题和头部的技巧表达了他的要求，并且利用影响性的建议避免了珊莎的反对。

当然，这么做确实有一点令人畏缩，但是如果你可以克服心理障碍，这种直接的方法是可以节省时间、缩短你追求的进度的。像其他的技巧一样，

> 软性的问题比硬性的问题使人感觉更加舒服。它能帮助你更快更温和地掌握谈话，而且显得更加感性。

这种技巧也是需要练习的。你可以在工作的时候练习，在酒店住宿的时候练习，可以在要求餐厅领班给你一个中间的位置的时候练习。或者，像莱恩和其他的一见钟情的人一样，在你突然遇到心仪的对象的时候使用这个方法。

如何让你爱的人也爱上你
亲密关系的秘密

间接的方法：假定亲密

你是否有过这样的经历：在人群中，突然有一个人过来跟你说话，讲一些无伤大雅的话语，紧接着你们就像是老朋友一样聊天了。如果有的话，那么就是有人使用假定亲密的方法跟你交流。这是一个轻松的方法，也是那些社交天才常常使用的方法。他们会走向他们想要交流的人，也没有多花时间说问候性的话，就接着聊起来，好像他们已经认识很久了一样。当然，这个需要一定的自信来壮胆，但是经过练习以后你就会习惯这种方式。

假定亲密是一种很微妙的跟你想要认识的人交流的方法。不需要冒很大的风险，因为不需要像直接的方法那样进行自我介绍和正式的邀请。你只要简单地出现，然后用发生的一些有趣的事情开始谈话就可以了。比如："把巧克力抹在橘子外面，橘子皮就会自动脱落。你说他们是怎么想出这个办法来的呢？"或者："韩安国的画对他们来说很神秘，你觉得他会怎么解释呢？"

假定亲密的一个好处就是在你真正行动之前，你可以先试探一下对方。你可以先聊一些无伤大雅的、积极的话题，来看看对方有没有兴趣。其实，第一印象有时候是错误的。你看到一个在星巴克里喝着咖啡，敲着电脑键盘的迷人男子不一定就是一个高级经理人，他有可能是一个已经失业几个月的新媒体编辑。那个戴着一副老奶奶眼镜，看起来傻傻的女孩说不定就是夜店里性感的舞者。你很难知道的！所以这种假定亲密就给了你一个去发现的机会。

举一个例子：在一家餐厅里，张伟看到一个漂亮的女孩坐在柜台附近的餐桌用餐，就过去坐在她旁边。他拿起菜单，看了一会，然后假装像老朋友一样凑过去问："你有什么推荐吗？我以前没来这里吃过。"如果她的回应是一些建议，那么他们就可以从这里开始起来。如果她的回答是："我也第一次来这里。"这也很好，因为他们找到了彼此的共同点。

另外一个例子：郑佩在参加她堂姐的婚礼。接亲仪式之后，新郎新娘坐上了豪华轿车去酒店，天空突然下起倾盆大雨。郑佩转向她旁边的帅哥，看着他的眼睛，耸耸肩，笑着说："我们怎么办？""我也不知道。"他说。

"我们跑吧。"她说，"你把车子停在哪了？"他们都是来参加婚礼的，他们拥有共同的朋友，又跑向同一个停车场，他们有很多共同点啊。

再举一个例子：高芳正在商店看使用天然气的热水器。她边走边思考着，想着多大功率的热水器才合适。这个时候马丁刚好走到她的身边，手里拿着小册子，研究着两个不同功率的热水器。

"你认为这两个热水器功率大的更好，还是小些的更好呢？"

高芳抬头看："什么？"马丁又重复了一遍问题。

高芳笑了："我也正在想这个问题呢。"

他们在接下来的 5 分钟互相交流观点，并且还聊了其他的事情。最后发现他们有很多共同点。

如果你使用了假定亲密的方法，而且谈话进展得很好，你们双方都对彼此有感觉，那么你就可以马上提出约会邀请。无论你是男的还是女的，你只要说："我真的很喜欢跟你谈话（聊天、在雨中跑步，等等），如果我们还有机会再次相聚的话就好了。"然后等着对方的回答。这个时候你什么都不用说，让软性的提问来发挥它奇妙的作用。对方的选择要么是接受要么是拒绝。如果答案是肯定的，那么就马上约定一个时间，或者交换彼此的电话号码，然后告诉对方什么时候打。如果答案是不，那么他可能是累了或者是有借口的。借口包括他已经有对象了，或者是时候不对。比如："我已经有了幸福的婚姻了。"或者："我已经有恋爱对象了。"或者是："我想要单身一阵子。"假如你的邀请被拒绝了，那么你们的交流也就结束了。

如何假定亲密

假定亲密的意思就是说你根本就不用什么开场白，直接开始聊天。你把正在发生的周围的事情描绘得越详细，那么你所营造的气氛就越放松、和谐。让自己放松、自然就好，随意是其中的关键。在你的日常生活中，跟别人聊一些话题就显得很自然、很友好。这种友好的聊天会发生在超市排队的时候、在参加一个派对的时候、在一个舞会上、在机场休息室里，或者在一个艺术展览会上，等等。

那么，你如何才能让自

> 假定亲密的意思就是说你根本就不用什么开场白，直接开始聊天。

己看起来随意、轻松、自然呢？很简单，最重要的就是练习。下面的这些表述、问题和恭维可以帮助你。

从一个问题开始，问一个不能用是或者不是来回答的问题，比如："嗯，你对这个电影有多少了解呢？"

一个关于你所处的地方的表述，也就是说表述一下你所处的地方正在发生的事情。比如，你们在超市里，你可以说："最后，买一点新鲜的菠萝。"

在一个从处所引发的表述之后，问一个问题。比如："最后，买一点新鲜的菠萝。你知道如何辨别这菠萝是否熟了吗？"

一个评论："哇，我把手表调错时间了。"

一个观察："哇哦，看起来我们的球队今晚要赢了。"

一个真诚的恭维："我想告诉你，我很喜欢你的帽子。"

征求意见："我从来没有来这里用过餐，你有什么建议吗？"

假定亲密的练习

阅读下面给出的场景，利用场景里具体的细节，练习看你将会说些什么。开始先说一句陈述性的话，然后跟着提一个问题。

1. 在你离开商店的时候下雨了，很多人都跟你一样在等雨稍微小一点再走。你正站在一个你挺喜欢的人旁边，你会说_____。

2. 一个美好的中午，午餐间隙你出来走走。你发现一个不认识的在隔壁部门工作的人，你走近他，然后说_____。

3. 在你去上班的路上，你路过一个便利店，你停下来想买一

杯咖啡。这时候看到旁边一个你挺喜欢的人也正好在买咖啡，你
会说＿＿＿＿＿＿＿＿＿＿＿＿＿＿＿＿＿＿＿＿。

4.你正在商店里试鞋，看到一个人拿着运动鞋正在等售货员
来，你也挺喜欢这个人，你会说＿＿＿＿＿＿＿＿＿＿＿＿＿＿。

往好处想

当你看到一个你挺喜欢的人，不要自己瞎想如果你接近他的
话，他会不喜欢。你根本就不知道他会不会觉得不舒服、感觉被
冒犯，所以去接近他，看看你得到什么回应。其实无论怎样，你
什么损失也没有。最多就是对你的自负有一点点打击。

如果你一定要做一个假设的话，你就假设你会成功。假设他
会给你一些建议，假设他会注意到你积极乐观的外表和态度。大
部分人都是渴望与人交流、交朋友的，所以往好处想。

也就是说，我们总要想着我自己比别人更加热情、更加愿意
与陌生人交流，别人也是这样的。但是人有些时候是想要自己一
个人待着的。也许你刚刚经历了糟糕的一天，也许你正思考着很
重要的事情，或者因为其他各种各样的理由你想要独处。当我们
处于这样情绪中的时候，常常也会利用封闭的肢体语言散发出信
号。如果你在接近某人的时候，感觉到消极的情绪信号，或者感
觉到对方根本就不理会你，没有关系，笑一笑，走开，然后去做
你自己的事情就可以了。

3 秒钟定理

你把事情拖得越久，那么做起来就越难。你是否曾经因为自己做决定太慢，而失去了机会呢？你是否在没有做什么事情以后，后来又后悔了呢？你是否坐在酒吧里一整晚都拨弄着自己的红酒或者啤酒，看着别人尽情地享受着乐趣，而自己却一动未动呢？你是不是总是这样对自己说："我再喝一杯，然后就行动起来。"或者："如果下一次她还是这样，我就对她微笑。"或者："也许下一个进来的人才是我喜欢的。"如果这样的话，那么你最终会对自己失望的，因为是你自己老是说服不了自己行动起来。

你是否也有意无意地这么想过，如果你在那里待足够长的时间，那么你想要的总会来找你的？这种想法就跟你把脏的盘子放在水槽里，等着它们自己变干净一样。当你自己抓住机会的时候，机会才会属于你。试想一下，如果认识一个新朋友，那么你就有了一个新的朋友网络。酒吧里的一个人可能会带你去参加一个烧烤聚会，在那里你可能会遇到一个女孩，她可能会邀请你去看一场电影。也许她会带着她的朋友一起去，她的朋友又可能会带着他的朋友一起过来。他们可能会邀请你跟他们的朋友一起去郊游。然后接下来，你就可以为你的多个新朋友开一个派对了。他们其中的一个人很可能就是适合你的人。

但是如果你只是待在那里，等着，期待着，希望会发生什么，那么什么也不会发生的。你等得越久，你中意的那个人就越有可能会走掉，或者其他人会跟那个爱美的姑娘攀谈起来。这样你就有了更多的理由来继续等待了。

在 3 秒钟之内，抓住机会行动。

其实大部分的人都是渴望交流的，如果两个孤独的人有缘分走到一起，却因为双方没有人先开口说话，或者发出渴望交流的信号而错失良机，那么没有什么比这更让人觉得遗憾的了。他们在街上擦肩而过，在咖啡屋里又坐在一起，而且每天都能遇到对方。他们也许很渴望交流，但是如果他们两个人都不行动的话，就什么也不会发生。所以，当你发现一个机会的时候，不要放弃，数到三，然后调整好心态，走上前去，跟他聊天。你可以使用直接的方式，就像莱恩在火车上那样。如果你足够自信，这是一个很好的方法。或者你可以用间接的方法，使用假定亲密的方法。假定亲密有三个好处：它是不用承担任何责任的；它可以让你对这个人有个初步了解；即使不成功也能保全你的面子。毕竟，假定亲密是一个很随意的方法，你随意地结束谈话也是可以的。随意地出现在你中意的一个人旁边，尊重地等上半分钟（3秒钟定理是说你准备好以后的 3 秒钟），然后开始像跟亲朋好友一样聊天。记住，一定要避免让人家觉得你是偶然发现他的。你只要保持自信、风趣，如果可能，最好来点幽默。最重要的是要尽量保持随意、放松和自信。

> 当你发现一个机会的时候，不要放弃，数到三，然后调整好心态，走上前去，跟他聊天。

如果你们彼此有感觉，而且你有机会约他再次出来，这就再好不过了。如果你们彼此没有感觉，那就算了。但是如果你们好像有感觉，可又在你初次接触的时候被拒绝了，那么你就要注意自己的技巧了。

练习：3秒钟定律练习

你可以出门去，跟3个陌生人练习假定亲密。我们先从简单的做起，选3个比较容易接触的人。我们的目标是跟陌生人说一些话，并不要求马上就跟他们攀谈起来。你可以随便说点什么，但是说陈述句是最简单的，你可以就你所在的处所说一些话。当然，你必须调整你的心态，使用热情的肢体语言。对每一个遇到的人都应该做到这样。接着就是这个练习中最重要的部分：你将要在一看到那个人的时候就走过去，在脑中数到3，然后毫不犹豫地走上前去。

你正在培养成一个习惯，用"1、2、3"来促使自己行动。练习，练习，再练习，你就能做到了。你要记住的是练习得越多，做起来就会越简单。

第三章

沟通进阶与亲密关系营造技巧

把前面的技巧都连接起来，快速从普通交往发展到亲密关系。

谈话与感觉

　　好了，现在你已经有了最初的交流。你已经接触了或者被介绍给了别人，跟对方说"你好"了。而且你们彼此已经有一点儿感觉，或者很有感觉了，那么你就可以假设你们可能会适合对方了。现在，你要怎么来继续发展下去呢？你要如何从介绍性的谈话到更加深入的交流呢？很多时候，因为双方都不知道接下来该说些什么，所以就不再发展下去了。他们不能够把这种随意的交谈发展到更加有趣的、更加深入的交流上去，也就不能真正地继续交往。

　　众所周知，"问问题"在谈话中可以起到点燃火花的作用。几乎所有的人都喜欢跟别人说自己的事情（如果他们不愿意，也会喜欢说一些他们知道的事情），所以如果你问了一个好的问题，就成功了一半。之所以说成功了一半，是因为一个好的谈话的另一个重要因素就是好好地听。有的时候，我们实在太投入表达自己了，以致对别人说的话没有仔细听。注意听对方的话，对对方说的内容做出相应的反应，这一点对交流来说至关重要。问一些好的问题，做一个好的听众，这两点是深入交谈的必备条件。

很多的问题都出在提问中

现在网恋十分流行的一部分原因是，在网上你不会脸红，你可以重新写你要发的信息直到它们看起来是幽默的、诙谐的为止。这些在现实生活中都是不能实现的。在有人看着你的时候，你就不能闭起眼睛思考一下，或者抓耳挠腮、咬着手指头，想出想要表达的词语来。对于很多人来说，在电话里交谈也比面对面交谈舒服很多。但很多从网络上开始交往的人都说："在我们见面之前所有的感觉都是好的，在见面之后，我就没有感觉了。"

当你们面对面的时候，你会用全身的感观去感觉：你可以看、听、感受，甚至闻。这些才是对对方是否有感觉所要具备的因素，只有它们出现的时候，你才能知道那种感觉。现在闭上眼睛，想象三个人，不管性别，只要是你有感觉的。我敢打赌，你跟这些人交流的时候是不费力气的，对吧？同样地，当一个人爱上你也是这样的。彼此没有感觉的谈话不会把你们引向长久的浪漫关系，只有有感觉的谈话才会。你们彼此越是有感觉，你们的谈话就越轻松、流畅。

当你问一个人最在乎什么的时候，你会惊奇地发现人们会说很多。但是，有的问题会让人觉得你太多管闲事，所以，最好先从一些温和的问题开始。比如："你觉得今天的主持人怎么样？""这是你第一次来这里吗？""你觉得这个怎么样？""你觉得李萌的画怎么样？"你最好不要一开始就像审问一样或者太关心别人太私人的问题。你要做的就是让你们之间交流起来。当对方回应的时候，注意他说话内容的同时，也要注意他的肢体语言，这会让你知道对方想要交流的意愿程度。如果他主动跟你进行眼神交流，看起来很轻松，面对着你坐着、微笑着，这就说明他跟你在一起很舒服。

好的听众的养成

1. 表示接受和理解：通过非语言的行为让对方知道你了解了他说的内容，如眼神交流和身体上的反馈动作。

2. 重新描述：对对方所说的基本意思做一个重新描述。

3. 回应：对对方所说的内容，或者暗示的内容发表自己的看法、感受等。

4. 解释：对别人可能的感受、愿望做一个试探性的解释。

5. 总结和概括：把自己的感受总结起来表达一下。

6. 问清楚：询问更多的信息来消除自己的疑问。

7. 给出语言上的反馈：分享你知道的别人的感受，说出相关的信息。

8. 支持：用自己的方式表示支持。

9. 确认感觉：确认自己的感觉是否符合对方要表达的意思。

10. 保持安静：给别人一定的时间思考和说话。

有质量的问题

有两种类型的问题：开放的和保守的。保守的问题一般以"你是""你有""你会"开始的，你只要用一个字就可以回答这样的问题。想象一下，如果有人问你："你是不是朱利亚·罗伯茨的影迷？"你要说的无外乎是或者不是。

开放的问题一般以谁、什么、为什么、哪里、什么时候和怎么开头，这样的问题需要很多的语言来回答。这样的问题可能使人打开心扉。比如说："你觉得朱利亚·罗伯茨怎么样？"或者："你平时都做什么娱乐活动？"其实，关键的就是从对方所说的内容里面挑出一些东西来问，或者对现在正在发生的一些事情进行发问。就像这样的问题："看那条大狗！还有那个遛狗的女人，她的体重肯定连100斤都不到，你说她是怎么控制那狗的呢？"

其实有的时候你的问题也不用特别清楚或者是设计好的。比如"告诉我关于……"，还有"你认为……怎么样？"这两个句式可以激发人们开始交谈，而且很管用。在你下一次跟别人交谈的时候使用一下，叫他或者她告诉你一些事情，然后拿出你觉得很有兴趣听的态度作为回应。这很简单对吧？你还可以对对方说的内容问一些问题，如果你们有感觉的话，谁知道你们接下去会谈到什么呢？在刚谈话的时候，最好以比较温和一点的话题开始。比如你觉得今天的主持人怎么样、关于今天的活动怎么样。

还有时下流行的时事，在紧要关头你甚至可以谈谈天气。最后加上一个开放性的问题，如："这里的乐队真棒。你最喜欢的音乐是什么？"然后注意倾听对方是怎么说的就可以了。

步入轨道

在谈话中还要切记的一点就是注意听出对方的引导性语句。这个引导性语句就像一个小消息，告诉你谈话的方向，而且可能帮助你更多地了解正在跟你交流的人。

举个例子：郭嘉在一个活动上撞到了叶婷，对她说："非常抱歉！你没事吧？我正在找人，所以不小心撞到了你，真的不好意思啊。"

叶婷发现郭嘉很吸引人，回应道："我没事，你需要我帮你找吗？"

"我有一个朋友住在这个小区。我答应他帮他来拿一些东西去拍卖。他给我留言说在这里等我，现在我来了，可是找不到他。"

哇！叶婷没有留意到引导性语句。郭嘉其实提供了两个可继续对话的信息，但是叶婷没有做出相应的回应。她原本可以这样说："有拍卖会要举行吗？拍卖什么的啊？"或者"好像你不是住在这里的，你觉得我们这个小区怎么样？"

引导性的语句是你从对方说的话里面找到的，可以用来继续谈话的有意思的话题。选一个最明显的，或者是你最感兴趣的引导性语句，然后让谈话往这个方向发展。自己主动提供一些信息和问对方问题在谈话中一样重要。那样的话对方就可以更了解你，你也可以多了解他

自己主动提供一些信息和问对方问题在谈话中一样重要。

一点，这样也不会让别人觉得你一直在拷问他。

集中注意力

访谈节目也有很好的和很差的访问者。那些很差的访问者会问一些无聊的、公式化的问题，他们说得比来宾还要多。然而好的访问者却是一个很有技巧、很好的倾听者。

其实日常生活中的对话交流跟访谈节目所要遵守的规则是类似的：你要建立亲密的气氛、问一些可以开启话题的问题、注意倾听别人的回答，并且做出适当的反应。一个很好的倾听者可以顺利地开启别人的话匣子，尽可能地让对方说出关于他自己的东西。

在交流的时候（甚至是跟家人和朋友），大部分的人都有意无意地想要显示自己的智慧、权威、重要性等，所以他们都会想方设法坚持和证明自己观点的正确性。也正因为如此，我们就会花更多的时间去想我下面要说什么，而没有好好听对方在说什么。这样谈话就很可能变成两个人吵来吵去地辩护自己的观点。为了避免这一点，你要做到注意倾听对方的说话内

容。如果你让对方觉得你在倾听，那么他就会倾向于跟你解释更多的细节和个中原因。所以很好地倾听就成了感情亲密的一个先决条件。

有意识地进行反馈：表达和感受

交流是双方的事情，在交流中双方互相合作、鼓励。如果你表现出热情，那么对方就会认为你是感兴趣的。如果你表情冷淡，没有反应，那么对方就会认为你对跟他谈话没有什么兴趣。你的行为会成为一种暗示：如果你反应冷淡的话，别人就会不愿意跟你谈话，那么，你就会更孤独。

那种在谈话中不做出反应的人会显得无聊、乏味。所以你要使用面部表情、肢体语言等，尽量地表达出你对自己听到的内容的感受。你可以从你的眼睛和嘴巴开始，用它们表达出你惊奇、愉快、厌烦等各种感受。不要停下来，接着你可以耸耸肩、用手比画，总之要做出回应。你还可以身子向前倾，表现出你的专注。微微点头，还可以用一些小小的词语来激发别人说更多的内容，如："你开玩笑吧？""他真的这么说了？"或者："这太有意思了！"还有不要忘了在适当的时候保持沉默，让对方可以有时间思考和说话。你还可以关注脱口秀节目的

> 那种在谈话中不做出反应的人会显得无聊、乏味。

如何让你爱的人也爱上你
亲密关系的秘密

主持人是如何跟来宾建立交流的感觉的。

有时候你还要试着去从别人的肢体语言、面部表情里看出对方的感受。我们当中有些人在这方面有着天生的过人之处，但是只要你多加练习，你也能慢慢地开始在谈话中察言观色，使得谈话更加和谐、流畅。如果你在听别人说话的时候，时常漫不经心，考虑着其他的事情，那么你该好好反省一下了。同样地，如果你在街角碰到一个你挺喜欢的人，因为聊得太热乎而没有发觉他是否感觉到不舒服，这样也是不好的。

"我也是"

你曾体验过那种被别人理解的满足感吗？当你打开心扉表达出你自己的感受，而对方这样回应你的时候"我也这样觉得"或者"我也是"，你有什么感受呢？这样的一句"我也是"是对双方之间交流的感觉最强有力的触动。它让你们察觉到彼此存在共同点。所以，无论你是在酒吧里跟别人调情，在派对里向别人搭讪，还是在约会的时候，如果机会适合的话，你一定要记得诚实地说一句："我也是。"如果你说："这一点我们是一样的。"那么你实际上加强了你们两人之间的联系，这也成了一个引导性语句，成了你们接着谈话的一个好话题。

练习寻找说"我也是"的机会。你只要注意别人说的内容，当发现机会的时候，就跳出来说："我也是。"当然一定要真的是。"我喜欢吃热狗。""我也是。""我每次停车都要停得好远。""我也是。""我会在喝酒以后倒头大睡。""我也是。"

现在我们来看看日常生活中的场景。

伊恩在银行开门前 10 分钟，来到银行准备存款。这是一个美好的早晨，市中心正是交通繁忙的时候。伊恩在银行对面的商店里买了一杯咖啡，然后漫步到旁边的小公园里等着银行开门。那里有两条长椅，有一个空着，另一个上面坐着穿着绿色夹克、深色裙子的年轻漂亮的女人。伊恩把他的背包放在那个空的椅子上，然后匆匆扫了一眼那个女人。他发现自己很难得有这样的感觉，他深深地被那个女人吸引了，想要前去搭讪，如果是以前的话他肯定会感到有一点儿害怕。这一次，他提醒自己想要跟她聊天，看看那个女人是不是也表现出友好。伊恩心里怦怦地跳着，走向那条长椅，说："你好，我可以坐这里吗？"

那个女人稍微往左挪了挪，小声说："可以。"伊恩就坐下去了。

"多么美好的早晨啊。我在等银行开门，你也在等，并且排在我前面对吧？"伊恩开玩笑一样地说。

"不是。我第一天去那边的旅行社上班，所以来得早一点。"

"这里是一个不错的工作地点。在这个街区有很多不错的餐厅。我就在那边的大楼里工作。"

伊恩没有留意到一个引导性信息，那就是这个女人是第一天去旅行社上班。他应该利用这个信息使用谁、什么、哪里、为什么、什么时候和怎么等来提问。比如："你在旅游行业工作多久了？""你在里面具体做什么工作呢？"或者他可以干脆说："第一天啊，你紧张吗？"伊恩忘记了交流的黄金法则：注意倾听。还有伊恩也没有注意到他可以说"我也是"的一个共同点，那就是：她也来早了。伊恩应该幽默地说："噢，我也是啊。"

好了，那么我们现在从一个女人的角度来看看。

蒂娜是一个药剂师，她正在阿拉斯加跟朋友加斯麦一起坐游船旅游。有一个早上，她一个人到甲板上去散步，看到一个她挺喜欢的男人正坐在一条长椅上。她过去坐在他旁边，发现他正在看约翰·格里斯汉新出的小说。格里斯汉是她最喜欢的作家！在蒂娜坐下的时候，他朝她笑了一下，在发现他们都喜欢这本书的时候，她也回应着笑了一下。

然后那个男人就继续看书了，蒂娜决定主动说话。

"所以，你也喜欢格里斯汉的书吗？"

"也不是，"那个男人说，"这是我读他的第一本书。"

"真的吗？为什么？"

"因为我没有太多的时间用来阅读。他是我喜欢的作家之一，虽然我也很喜欢诺拉·罗伯茨。她的书里充满了神秘和浪漫。"

蒂娜会得到什么回应呢？首先她犯了一个错，她问了一个保守的问题。但是她很幸运，他主动多说了一些。而且蒂娜还说了一些陈述性的话，而没有提问。蒂娜在第二个问题上走上了正轨，她问了一个为什么的问题。但是她并没有注意到他还给了一些额外的信息，而是继续说自己的事情。如果她认真听的话，那么就可以接着这么说："那么，是什么让你这么忙呢？"然后，她就可以在他下面的答案里寻找引导性语句来继续谈话。或者她还可以这样说："跟我说说你精彩的生活吧。"或者："那么，到目前为止，你觉得格里斯汉怎么样？"

到目前为止，已经介绍了关于处所的陈述句、开放性问题、回应、引导性语句、注意倾听，还有"我也是"这些方法来帮助交流。但是如果要达到顺利、流畅地展开谈话，建立感觉，还需要其他一些必不可少的要素。在谈话中还有一个很重要的工具叫作同步。这是一个建立亲密关系强有力的工具。

保持同步

你有没有察觉彼此恩爱夫妻的说话方式、坐的姿态很多时候都是一样的。他们以同样的方式点头、侧身、调整姿势，他们用同样的语速、节奏和音量说话，他们甚至用几乎相同的词语和短语。他们所做的就是彼此保持同步。这是一个加强彼此之间的和谐、建立信任的过程，也是亲密关系建立的先决条件。

如果你回到前面再看看米雪儿和杨帆的故事的话，你也会发现他们存在的同步。在杨帆做一个动作的时候，米雪儿也跟着做。当人们感觉到舒服的时候，都是很自然的。然而，当时米雪儿不仅仅做到了跟杨帆同步，她还利用她的肢体语言带领杨帆进入放松的状态。你现在可以翻回到前面，重新感受一下她是怎样做的。

相同与镜像

同步包括两个部分：一个是相同，另一个是镜像。相同就是说你跟另外一个人做同样的事情，他动了一下左手，你也动了一下左手。镜像，就是说你们两个人做的动作就像是彼此在照镜子一样，他动了一下左手，你动了一下右手。如果你们两个人并排走的时候，你可能会做相同的动作；如果你们两个人是面对面的，那么你们可能就会做出镜像的动作。然而，同步并不是说模仿。你们的动作都是下意识的，很微妙的。假如你跟一个人在小酒馆里面对面坐着，他把左手靠在桌子上，你把右手靠在桌子上，这就是镜像的样子。假如你们都靠在栏杆上欣赏着日落，她把胳膊肘支撑着身体，你也这样做，那么这就是相同的样子。如果你们坐在一起听音乐会或者看电影，她靠向你这一边，你靠向她那一边。这是一种你们彼此之间互相依靠，跟对方建立亲密感的过程。

也许你会这样想："但是，别人会不会认为我是在模仿他的动作呢？"实际上是不会的，除非你是真的在模仿。如果有一个人把一只手指放在耳朵里，你也这样做，那么是的，他会觉得你是在学他。但是如果一个人正沉浸在谈话当中，他是不会察觉到你们的同步动作的。那些有社交天赋的人，会无意间地做出各种同步的动作。其实你只要稍微做一点点类似的动作就可以了。

你可以这么想，同步动作就是你们两个人一起划船，一前一后，一人一边。为了保持一定的速度，朝一个方向行驶，你要在节奏、划动、呼吸等方面跟同伴保持协调一致。最终，就像米雪儿做的一样，引导对方往自己想要的方向前进。

你可以在以下方面或者其他方面做到同步，越多越好：

1.身体姿势和行动。

2.头部的倾斜。

3.脸部表情。

4.态度。

5.说话的音量和音调。

6.说话的节奏。

7.呼吸。

寻找共同点

"我也是"这种感觉可以增强两个人之间的亲密感，同步的肢体语言可以增进相互之间的信任。如果两个人认识到彼此之间有很多共同点（电影、旅游地点、餐厅、电视节目、体育、爱好，等等），那么两个人就会有一种好像认识很久的老朋友的感觉，这样谈话起来就会更加轻松、自然。如果你们决定约会，那么也可以很方便地找到彼此都喜欢的活动和节目一起参加。

练习：同步创造和谐氛围

在这本书所有的练习里面，下面这个练习是最简单的，而且在你跟别人谈话的时候，这个练习也是最有用的。这也是一个可以修复不好的第一印象和重新建立信任的好方法。

第一步：同步肢体语言

找一天的时间，跟你遇到的人做同步练习。你不用想自己这么做的目的，只要享受这个练习的过程就可以了。见到每一个人，你都注意他的肩膀、手臂和腿。你可以从基本的动作开始，交叉手臂和腿、向前靠、向后靠，等等。这是建立信任的最快的方法。但是要记住不要做得太过分，只要有那种感觉就可以了。

第二步：同步和不同步交替

一旦你掌握了肢体语言上的同步以后，你就可以开始练习跟一个人同步 30 秒钟，然后不同步 30 秒钟。一直这样交替几次以后，你会发现在你们同步的时候，你们更加信任、专注，跟对方更有亲密感。当你们不同步的时候，所有的这些感觉程度都会下降。

谈话：信息社会的起源

任何关系的生根发芽都是从谈话开始的。正是通过谈话、交流，人们之间的感觉、浪漫关系才会渐渐生根、发芽、结出果实。如果没有感觉，无论怎么努力，都是徒劳的。

如果你在一个公共场合偶遇一个人或者是准备见一个人，那么要尽量在几分钟前通过开放性问题、注意倾听等方法，找出你们之间的至少3个共同点。如果你们是在一个咖啡屋等室内的场所里，那就更简单了，因为你们已经经过介绍，知道对方的部分信息了。你可以问一些关于度假、电影、食物、旅游、衣服、音乐、家庭、体育和书籍等更加私密的东西。

在我们小的时候，我们总是围着父母、老师问这问那。在我们长大以后，迅速快捷的媒体起到了这些作用，我们这种天生的好奇心理就渐渐地淡了。所以我们要重新找回儿时的好奇心理，注意观察周围的世界，向人们询问不懂的事情。如：你认为那家新开的咖啡屋怎么样？多关注时事，这样你就可以在适当的时候发表你自己对体育、旅游热点、动物园里新来的袋鼠等的看法。你还可以真诚地赞美别人的领带、首饰、须后水的味道等，问他们是从哪里买的。如果对方显得不是很愿意跟你交流这方面的问题，那么就说明你们不合适。如果你不能够找出你们之间至少3个共同点，那么这个时候你可以考虑是不是应该离开，去找另外一个人了。

多多练习你的谈话技巧、熟练使用开放性问题、注意倾听、做出有效的反馈，还有寻找共同点这些都很重要。还要记住保持肢体语言的同步，这样你会发现你谈话的时候更加放松，你越来越容易遇到可以跟你产生感觉的人。

现在你已经知道了如何展开一段谈话，如何培养出彼此之间的感觉来了。那么下面我们就来说说调情。

搭讪的艺术

搭讪不只是寻找乐趣。彼此沟通是人们赖以生存的技能之一。但并不是任何人都知道如何运用这一本领。

赵琳在一家衣服连锁店里担任经理，王云的职业是物理理疗师。有一天，她们都早早地来到一家酒吧，为的就是能够占到中间那个可以看到舞台的位置。很快，人们陆陆续续进来，满屋子都是人。赵琳和王云打扮得都很时尚。赵琳环顾屋子四周，轻轻地拨弄着自己松软的头发，时不时动动自己的身体，或者把胳膊肘放在桌子上，或者把头靠在手上休息，眼睛盯着酒吧里的男人并主动跟王云说话。王云觉得赵琳这样显得很性感。其实赵琳算不上性感，因为不管男人女人晚上出来玩都是这样的。赵琳不知道怎么区分性感和可爱。实际上，她的行为散发着天真、不成熟的味道。

王云看起来确实很镇定、自然。大多数时间，王云都是静静地坐着，微低着头，时不时关注一下赵琳。偶尔，她会喝一小口饮料，她的眼睛会盯着杯子的顶部，然后慢慢地喝掉饮料。实际上，如果仔细观察你会发现，王云的所有动作只有赵琳的一半。她看上去很自信，散发出成熟性感的魅力。

这时，王云看到了张维。虽然她最近常常在夜店里看到他，但是他们并不认识。这天晚上，她刚好离他很近，听到他谈论自己曾经航海去过巴拿马，正好王云也很喜欢航海，所以觉得他很有意思。此时张维正在跟一个男人聊天，所以她就一直在关注着张维，等着他向她这个方向转身。

当张维转过身的时候，王云数到三，然后从椅子上站起来，慢慢地走过去。她在正好经过张维和他的朋友们的旁边时，把臀部微微地扭动着，头稍微低一下（为什么头要稍微低一下呢？因为看上去害羞的样子，会比看上去傲慢让别人感到舒服）。接着，王云用眼睛盯着张维看。张维很快看到了她。而她发现张维在看自己的时候，她害羞地转移了视线。但是在张维还没有来得及做出反应时，王云又看了他一眼，这次她稍稍地眯着眼睛，带着一丝微笑。张维收到了她发出的信息。

刚刚这一幕，在科学家们看来就是王云在"欲擒故纵"，而张维"心领神会"。说到这里，必须说明一下，所谓刺激，就是由一下子紧张、一下子放松交替产生的。不论是恐怖电影、过山车，还是人类的性生活都是这样。王云使用的这种"欲擒故纵"的方法就是搭讪的核心。这个方法男人女人都可以用。你所需要做的就是：注意他，然后转移，然后再注意。感觉就是紧张，放松，再紧张。只看一眼什么也代表不了，但是王云是

> 注意他，然后转移，然后再注意。

用很挑衅的样子走过去的，接着她又看了张维一眼，然后害羞地微微低头微笑。这一招适用于所有的男女，女人可以慢步过去，男人可以潇洒地走过去，都能吸引到对方的注意力。再配合眼神的交流和微笑，就可以传达出你的信息，勾起对方的兴趣了。

于是，王云就默默地送出了一个邀请，而张维也积极地给予了回应。他走过阶梯，来到王云面前，以便让王云正好可以看到他。他看着她的眼睛，笑着问："再来一杯吗？"

"谢谢，不过……"王云笑着回答，"我是跟一个朋友一起来庆祝她升职的，所以我得回到她那里去了。"

"是吗，"张维说，"你可以邀请我加入你们的庆祝啊。我很乐意去买一点香槟，这让我有了一个很好的买香槟酒的借口。"张维笑着说。

虽然王云知道赵琳一定不会介意张维的加入，但是她还是说："你真好。但是我们事先约定了今晚只有女孩一起玩。你知道的，这样我们可以聊一些私人的东西。"她侧着头，看了他一下，然后又把视线转移到其他地方去了。

张维又问："那明天怎么样？同样的时间、同样的地点，或者同样的时间、不同的地点，又或者……"

王云笑了："对不起，我明天可能没有时间。但是如果你留一下你的电话号码，我会在有空的时候打电话给你。我肯定会找你的。"

事情的真相是，王云知道赵琳肯定不会介意跟张维同处一段时间。同样，第二天晚上，她也没有那么忙，最多就是要洗一下衣服而已。王云所用的搭讪策略就是：不完美的原则。

不完美的原则：如何激起别人对你的兴趣

大多数人都是，越得不到的东西，就越想得到，即不完美的原则。所以在搭讪的时候，你可以尽可能地使用不完美的原则。这个原则就是要让别人知道你是很受欢迎的。

的确，人们（甚至很多公司）都喜欢运用这个原则，而人们也总是本能地去相信这个原则。比如，大家都知道在最好的餐厅订一桌饭菜很不容易，但还是有很多人想要去做，即使知道所有的桌子都已经被预订光了。电视上或者收音机里鼓吹"商品限量供应""每位顾客一次只能买两件""商品只供应到星期天"等等的时候，这就是在使用不完美原则。

有一家叫作吉美的美发沙龙，这里每天都能听到接待人员跟客人之间有趣的对话。无论老少，待遇都一样。对话是这样的："早上好！欢迎光临吉美！""你好，贝妮，我是宝拉。""你好，宝拉。""贝妮，我想请你帮忙预订星期二 11 点的服务，可以吗？"贝妮查了一下预约单上的时间表。实际上，这个时间是空着的。但是贝妮却回答："对不起，宝拉，这个时间已经被预订了。但是我可以帮你安排到 10∶30。你看这样可以吗？"

"啊，太谢谢你了，贝妮。那我就预订 10∶30 吧。这样真好，我一定会准时到的。"

实际上，无论你要预约的时间是不是已经被预订了，你都无法要到你想要的时间，除非你提前好几个星期就去预订。为什么呢？因为店主精通不完美的原则。他们知道要让人们觉得他们的服务很抢手，这样人们对他们的价值观念就会提升。这样他们以后就会想要再来。

戴比尔斯钻石公司就是这样做的。其通过严格限量供应钻石的数量，来让人们产生此公司的钻石很珍贵的错觉，这样其就可以把价格定得很高。"钻石恒久远"是一个很聪明的广告词，但是那颗钻石绝对不值得你花那么多的钱。

使用不完美的原则

那么如何使用这个原则来帮助你获得爱情呢？你可以在初识的时候，通过提升你的价值，给对方一种你很珍贵、值得追求的印象。

让我们看看一个俱乐部的例子。在俱乐部里，到处都是人。罗斯和他的侄子李林坐在酒吧的一个角落里喝酒。他们注意到赵琳一个人坐在桌边，盯着男人们看。她看起来非常不自在，给人一种很不安的感觉，也谈不上有什么吸引力。然后他们把目光转向了另一个独坐的女人——丹娜。此时的丹娜并没有拨弄头发，也没有扭动身体彰显自己很可爱。她只是在那里研究着菜单，偶尔抬头看看，也丝毫没有抛媚眼的意思。"看，那里有个漂亮的

如何让你爱的人也爱上你
亲密关系的秘密

女孩，"罗斯说，"你觉得怎么样？我已经单身 6 个月了。"李林笑着说："她确实很漂亮，但是我不知道……"

"听我说，我有一个认识女孩的好办法。在我像你这么大的时候我经常用，几乎每次都成功。实际上，我就是这样认识你露露阿姨的。首先，你看一个女孩时，不要用眼睛看她，只要知道她的位置就可以了。你朝她那边走，但是不要直接看她。然后停下来，看看四周，再朝一个方向看。这样只是为了让她知道你在找一个人，然后离开。几分钟后，你朝她走过去，对她说：'我找了你半天了，我是在人群中看到你的。我想告诉你，你真漂亮。'"

李林笑了，摇了摇头。而罗斯还是接着说："别笑，听着，这真的很管用。这个时候她会跟你说'谢谢'之类的话，然后你就礼貌地走开。马上走开是要为了让她感觉你是一个绅士，你并不是要追求她。这会令她感到很安心。1 小时以后，你再看她，跟她进行一次眼神的交流，并且对她微笑。如果她对你也有兴趣的话，就会主动过来找你。这真的很管用的，你不要低估了恭维和奉承的作用。"

李林又笑了，说："好吧，罗斯叔叔。我觉得你说得对，所有的女人都希望自己在别人眼里是好看的、聪明的，但是时代变了。我们这一代人已经不相信这些搭讪的话了。我是说，如果你想要搭讪的话，你要借用一些现在正在发生的事情，这样显得比较真实、自然。即使你说：'你好，我一直在想应该说什么，因为我想跟你说说话。'这都比你从书里看到的那些招式要好。"

"好吧，也许你说得对。"罗斯承认道。他朝丹娜那边点点头，说："那你去跟她说话吗？"

此时的丹娜也注意到了酒吧这头的两个男人，他们好像在讨论自己。她比较喜欢那个年轻一点的。她坐直了身体，朝李林这边看了一下，微微低头，然后又看向别的地方了。

"那我就去吧。"李林说。他朝丹娜走过去，说："你好，我有点儿忍不住地想看你，请原谅。我能在这里坐一会儿吗？"

"可以。"丹娜微微笑着说，"但是只能坐 1 分钟哦。"

"为什么只能 1 分钟呢？"李林说着坐到了椅子上。他的语调很轻，带着挑衅。他不想让对方觉得自己很讨厌。

"我是跟别人一起来的，而且我们有很多事情要说。"丹娜说着，发现李林没有自我介绍。

李林注意到了丹娜刚刚话里的一个小信息，决定利用这个信息继续他们的谈话。他接着问："啊，你的意思是你们最近刚刚经历了一些事情吗？"

丹娜笑了，说："我们中有个人刚刚找到了一个很不错的公寓，还有一个人刚刚得到了一份梦寐以求的工作。"她看了下他的眼睛，然后又转移了视线。

"嗯。那你是找到公寓的那个，还是找到工作的那个？"

"找到工作的那个。"

"恭喜你了。"李林笑着说。

如何让你爱的人也爱上你
亲密关系的秘密

"我朋友要来了。"丹娜给了李林一个温暖的微笑。

其实，丹娜完全可以让李林留下来，但是她没有，她使用了不完美的原则。李林问她想不想这个星期五出来玩。很不巧，丹娜那天晚上刚好有事。李林向丹娜要电话号码，但是丹娜说："我叫丹娜，你给我你的电话吧，我会打给你的。"就这样，丹娜不但提升了自己的价值，还在他们的交往中占据了主动的位置。

那些甜言蜜语的、排练好的开场白已经难以再取信于人了。诸如"你知道人工呼吸吗？因为你都让我窒息了""这附近有飞机场吗，因为我的心都要飞起来了"之类，这些都是已经被很多人用过的烂招了，很少有人再会被这些招式所吸引。根据环境问一个简单的问题，比如："你是第一次来这里吗？""你喜欢这个班级吗？"或者是："我刚刚读完这本书，你觉得这本书怎么样？"这类问题虽然被用过很多次了，但是如果你表现得很真诚的话，还是管用的。

搭讪的 3 种方式

搭讪可以分为 3 种方式：公开的、社交的和私人的。公开的搭讪是一种即兴的娱乐方式，无伤大雅又能给生活增添乐趣。社交的搭讪（如前面的丹娜和李林之间）是在上面的基础上加入了两性的因素。而私人的搭讪则是一对一的，可以让两个人在 90 分钟之内进入恋爱关系。显然，你的态度、衣着、自信力，还有性格都会影响你的搭讪能力。但是，无论男人还是女人，通过魅力传递出性的信号才会让对方觉得不可抵挡。

男孩和女孩追求的是可爱，而男人和女人借助头发、自信力和姿态等可以散发性感的魅力。

作为摄影师来说，是需要理解可爱和性感的不同的，尤其是在拍摄想要吸引人们的眼球的封面时。可爱的、招人喜欢的，还有甜美的，都有它们自己的位置。可爱的图片可以拿来当《17岁》杂志的封面，但是《GQ》等杂志就需要采用性感的图片了。可爱适用于以孩子、青少年、动物等为主题的杂志，性感则适用于以成人为主题的杂志。

公开的搭讪

人们总是不时地用各种方法在搭讪。比如，冲着婴儿呱呱叫，跟小孩子玩躲猫猫；挑逗朋友或者心爱的人；给对方买礼物让他们感到惊喜；做一些出人意料的事情，等等。这些计划过的好玩的、挑逗式的行为目的是给生活带来激情，并且希望得到对方积极的回应。很多时候，人们对自己实际上是在搭讪而不自知。或许是在药房买药的时候挑逗一个女人或者在洗衣房里跟男人开玩笑，那个熟食店的收银员每次看到你的时候都喊你的名字也是如此。这些都是人们平时在生活中为了找乐子而做的事情。这种公开的搭讪是无伤大雅的，目的只是拉近人与人之间的距离。但是也不要低估了公开的搭讪在日常生活中的作用。

公开搭讪这种方式，可以随时随地找机会使用。在工作的时候、旅行的时候、购物的时候，都可以使用公开搭讪；在教堂里、俱乐部里、球场上、婚礼上和ＡＡ制的聚会上也可以使用公开搭讪。但是如果有一天你发现，跟你搭讪的人里面有一个是你想格外关注的，你想要知道更多对方的情况，那么，这个时候你就可以用社交的搭讪方式了。

参加过拍卖会，或者在电视上看到过拍卖会的人，一定懂得那些专业的竞标者微妙的姿势和表达，当然他们的动作也足以被主持人注意到。这些竞标者都很自信、冷漠，带着一点点神秘感。而那些业余的人，却是很容易被认出来。业余的人总是挥舞着手，动作很大，想要确保别人看到他们的出价。学习搭讪手段，就要从那些专业的竞标者身上，而不是从业余者身上学习。不要太急，不要表现得太明显，表情不要太外露，还有不要为了吸引别人的注意而动作太大。

社交的搭讪

社交搭讪是通过友好的、调侃的方式表现出对对方的兴趣。表达的过程可以是从"嗨，我有点儿喜欢你，能认识一下吗"到"试试看你能不能抓到我啊"。

当人们想象社交的搭讪画面的时候，常常会有这样的描述：两个人在酒吧或者俱乐部里聊天。他们的打扮都很好看，两人优雅地喝着饮料。然后镜头聚焦到他们的眼睛，那里正在彼此传送着吸引信号。这种感觉很好，除此之外还有一些更简单、更生活化的社交搭讪。所有这些的目的就是建立彼此的感觉和情感交流。有时候，你还可以用"你好""再见"等词汇来表达你们在一起的感觉。如果她觉得冷，你可以贡献出你的外衣。你可以突然地出现在她的面前，或者在肩并肩走路的时候偶尔碰碰对方的肩膀。可以偶尔深情地看看她、赞美她。可以告诉她你在商店橱窗里看到了一件衣服，如果她穿起来一定很性感。

女人可以通过用手指摆弄衣领、玩首饰等方法来显示性感。而男人则可以通过打理领带、用手撩头发，或者微微地摇头来显示性感。

在传达信息的时候显然得有一个分界线，不要太过，也不要不起眼。最基本的要求就是你要确保你想要传达的意思并没有被误解。但是如果过度地卖弄性感的话，就会显得很傻。如果显示的性感不够充足，那么两人很有可能就只发展到朋友的关系了。

现在来看一个例子。娜娜是一个随意外向的女生，很容易就能跟陌生人攀谈起来。有一次，她在巴尔的摩机场准备坐飞机去孟菲斯的时候，看到了一个富有艺术气息又让人感觉很实在的男人，恰恰就是娜娜所喜欢的类型。他穿着黑色的体恤和牛仔裤，头发故意弄得乱乱的，背着的黑色皮包也看起来很旧，但是很有气质。他正在看报纸，并没有戴着结婚戒指。娜娜走过去坐在他的对面，感觉很舒服。序幕就这样拉开了。

娜娜捋了一下头发，突然发现自己左耳的耳环不见了。她看了一下膝盖，又在头发里找了一下，然后又到椅子底下找。那个男人注意到了娜娜在找东西，于是笑了一下。娜娜知道自己吸引到他的注意力了。她直接看着他，感觉有一点点尴尬，然后摇摇头说："我的耳环不知道掉在哪里了。"

他帮她找了一会儿，但是没有找到。

"你来这里的时候戴耳环了吗？"他问娜娜。娜娜也坐了下来，然后听到对方说："我可以坐着吗？"说着就在她旁边坐了下来。这个男人知道进入别人的私人空间要么会让人感到尴尬，要么会让两人变得更亲密。

娜娜转过头，向他这边移过来，然后把头发挽到后面让他看她还在的另外一只耳环。

聊了一会儿后，他开始问她一些关于画廊的事情，然后得知娜娜将要去孟菲斯出差 4 天。然后他就邀请她出来见面，因为孟菲斯是他的故乡，他对那里了如指掌。

娜娜说她不太确定自己在孟菲斯的行程，但是要了那个男人的电话号码。很明显，这已经不是娜娜第一次把耳环给弄丢了。在把那个男人也带入一个有意思的困境以后，她成功地引诱他谈话，然后让他知道自己对他感兴趣，并且发出了性感的信号（把另外一只耳环展示给他看），最后促使他约她出去。如果接近之后，她觉得自己对他没有兴趣，那么她就不会那么主动，或者在他提出邀约的时候就会拒绝他。后来他们又亲切地交谈了几分钟，然后各自祝福对方旅途顺利。

私人的搭讪

在讨论过搭讪的原则和搭讪的艺术之后，现在来试着把这些原则运用到私人的搭讪上来。不同于公开的搭讪和社交的搭讪，私人的搭讪是以两性的吸引为目的的。它不是公开的，而是一对一的。

当同一个跟你很合拍的人在一起，并且时机很合适的时候，你最好要懂得如何展示自己的魅力。如果你不会，那么你们之间刚刚萌芽的关系可能很快就会变成单纯的朋友关系。

增强你的魅力

为了获得爱情，你要学会集合和利用你所有的魅力，以性格的形式展现出来。虽然听起来好像很难，实际上很简单。你可以分成4部分来做：外表上的准备、保持镇定、眼神的作用和约会练习。

外表上的准备

外表上的准备直接跟你的身体相关，因为性感最直接的表现就在于你的外表。为了变得真正性感，你必须先从改变自身的条件做起。

为了使自己变得真正性感，你必须先从自身的条件做起。

你也许已经通过一些运动来保持体形了，如果没有，那就

如何让你爱的人也爱上你
亲密关系的秘密

赶快去参加一些这方面的课程。至少要一个或两个星期。像跳伞、跆拳道、芭蕾舞、瑜伽、打网球、举重和伦巴课程之类的，只要能让你的身体全身心投入就可以了。你要找好的老师或者俱乐部，作为你的第一个盟友，来帮你调整你的体形。

如果你是一个人在练习，注意不要一边骑脚踏车一边看电视，或者一边做慢跑运动一边听音乐。你要注意自己的身体，注意是否有一种气流从你的丹田，到胃，到胸部，到喉咙，这样来回循环。这种方法可以帮助你增加魅力。

保持镇定

在本章刚开始讲到的故事里，你可能已经注意到了，王云的所有动作只有赵琳的一半。王云很镇定，她知道如何控制自己的呼吸。当一个人很好地控制了自己的呼吸时，就会自然地让自己放松、冷静下来。相应地，一个人在放松、冷静的时候，也更容易控制自己的思想和肢体。

人们在约会或者接近某人的时候，都会有突然感到很紧张，或者焦躁不安的情况。这是因为他正处于恐慌的状态。当你的身体感到紧张和不舒服的时候，就会影响到你的呼吸，会加速你的呼吸，就好像你正在往山上跑一样。很不幸，对方会感觉到你的不安，而且这也会影响对方的情绪，结果事情往往就会被搞砸了。所以，你要保持镇定。用腹部呼吸可以让你镇定下来。虽然我们无法从科学方面深入研究腹部呼吸的原理，却知道怎么去做：在你呼吸的时候，用手推你的腹部，这样你的横膈膜就会下降，那么你的肺部就有了更大的空间。于是你的心脏就不用费很大的力气，你的血液里就会进来更多的氧气。最后，你就会渐渐地镇定下来，你的恐慌也就会消失，然后你就可以重新获得勇气去找你喜欢的人了。

腹部呼吸法不单单可以帮助你调整呼吸，还有益于你腹部的器官。所以，这种方法不但可以帮你调节情感上的感受，还可以帮你保持健康的身体。接下来的几天里，请尝试一下这个方法吧。把一只手放在胸部，另一只手放在腹部，然后呼吸，再呼吸，直到只有腹部的那只手在移动为止。

眼神的作用

搭讪从眼睛开始，还因为在面对面的交流中，你传递的信号一定是跟随你眼睛所看的方向的。然后，你可以开始使用嘴巴，你的个性、你的害羞、你的幽默感，还可以利用语言、食物、饮料等来搭讪。你还可以为了开心、为了生意，甚至没有任何目的地搭讪。原因多种多样，但是都要从眼睛开始。

搭讪从眼睛开始，还因为在面对面的交流中，你传递的信号一定是随着你眼睛所看的方向的。

大多数人都知道，在夜间开车的时候，把车前灯从亮调暗表示什么意思。灯光会从直直地往前照射，变成有些微弱的漫射。从可以照亮前面很大一块空间，到只能照亮正前面的一点点地方。这样做是为了让对方明白你已经知道他们开过来了，对方可以安心地过去。

　　在约会的时候也有必要这样做。在约会中，最让人无法抵挡的是眼神，那就要先盯着对方的眼睛看，5 ~ 10秒之后把目光转移到对方的嘴巴上，然后再看回来。这就跟一个女人用扇子诱惑人的策略一样。她先用扇子遮住嘴巴，只剩下眼睛露在外面，然后看着对方的眼睛，在看对方嘴巴的时候，就把扇子放下来露出自己的嘴巴。她就这样通过控制扇子移动的节奏来加强性感的暗示。在稍作停顿之后，她就会慢慢地把扇子又移上去遮住嘴巴，把对方的眼神转移到她自己的眼神上去。这样的来回动作就如同是有一首交响乐在对方的心里播放一样。

　　没有扇子也没关系，但是要记得，在跟约会对象聊天的时候注意眼神在对方的眼睛和嘴巴之间交替移动。这种动作很微妙，但是确实很性感。

　　"爱就是匆匆地一瞥。"弗兰克在他的歌曲《夜里的陌生人》里这样唱道。他唱得没错。通过拥挤的人群，给予一个缓慢的凝视，然后慢慢地走向那个人，这样就会让对方感觉到你对其感兴趣。注意，我们这里说的是凝视，而不是紧紧地盯着看，或者是傻呆呆地看。麻省卡拉克大学的研究员做了一项关于互相凝视对浪漫的爱情所起的作用的研究。他们找来了48对彼此陌生的男女，让他们互相凝望对方不同的时间。被实验者最后都多多少少表达出对对方产生了一定的感觉，甚至爱上了对方。

　　眼神需要练习才能做到，所以可以在周围找一些人来做下面的练习。在说话的时候，注意自己的肢体语言、腹部的呼吸，还有眼神交流。

练习：去哪里约会呢？

约会肯定要交谈，这就把看电影、体育赛事，还有其他的太吵（或者太安静）的活动排除在外了。当你要计划一个真正的约会的时候，先问你自己4个问题：

1. 这个地方会让对方觉得安全吗？

2. 这个地方对方会喜欢吗？

3. 这个地方两个人可以交谈吗？

4. 这有什么不同吗？

这并不是一件平常的事情，而是对你们两个人而言很特别的事情。平常到处都是，但是你要的就是特别。

你要记住，如果你遇到了适合你的人，那么在后面的人生中都可能会记住这一次约会，所以尽量使它特别一点。

如果没有练习过开车，就不可能通过驾驶考试。如果没有尝试过练习食谱上的菜式，就不会烤出最可口的苹果派。所以，如果你没有练习过约会的话，怎么会在一个重要的约会上表现良好呢？

安排两三个你觉得安全的对象，朋友、一个好久没有见过的人、某人的哥哥等都可以。但是不要找那种已经跟你建立了感觉，你很有可能会爱上的人。这只是一个练习，只是为了帮你试

如何让你爱的人也爱上你
亲密关系的秘密

验一下你的技能、体验一下你这样或那样做的感受。在练习中，你不要抱着要真正约会或者发展成男女朋友关系的目的。你练习得越多，你的表现就会越好。在跟你喜欢的人真正约会之前，至少要经过跟两个人的练习。一些比较合适的练习场所有：迷你的高尔夫场、保龄球馆、动物园、内部的表演会和展览会等。这些地方给你提供了一个活跃的氛围，给你提供了一些话题，可以帮助你消除尴尬。在练习中，你的目的不是要让对方为了你放弃一切，而是要让对方感到温暖，感受到你的温柔。记住，不仅要问问题，还要分享关于自己的信息。寻找一两个可以说"我也是"的机会。表现得成熟一些，注意自己的肢体语言、性感魅力，注意眼神的交流、腹部的呼吸、同步效果和幽默感，还要让你们的谈话积极乐观。

现在他正在用她的语言说话

两人可以成为恋人的一个条件就是可以共同去感知这个世界。人们都是通过自己的感觉去感受世界，然后通过语言表达出来的。

在日常生活中，我们是通过 3 种方式来感知世界的：视觉的、听觉的和触觉的。从我们刚刚出生的时候开始，我们就无意识地展现出一个自己比较偏好的感知世界的方式：有的人喜欢用视觉，有的人喜欢用听觉，而有的人喜欢用触觉。合适的两个人不一定要在感知世界的方式上也保持一致。而下面这个

> 从我们刚刚出生的时候开始，我们就无意识地展现出一个自己比较偏好的感知世界的方式。

例子说明了为什么共同感知这个世界对于让一个人爱上你非常重要。

张本正在咖啡屋里练习着第二天要做的展示，以确保在办公室里讲述的时候可以像在咖啡屋里练习的一样流畅。他现在正坐在那里并努力不被街上形形色色的漫步的、遛狗的人分散注意力。王姬是一名研究生，她在春天的时候常来这里。现在，她正坐在邻桌为将要到来的期中考试复习。

当服务员过来的时候，王姬点了一份特浓速溶咖啡，还有一份杏仁蛋糕。巧的是，张本也点了同样的东西。服务员发现了这一点，耸了耸肩。过了一会儿，服务员回到王姬桌前说："一份特浓速溶咖啡，还有一份杏仁蛋糕。"然后走到张本那里说了同样的话。张本和王姬相视而笑。

20分钟以后，服务员又过来，张本又点了一杯咖啡，然后靠过去问王姬："又一样吗？"

"谢谢，过一会儿吧。"她笑着说。

又过了1小时，经过一个小小的挑逗式的眼神交流和微笑，张本和王姬开始聊起来。此时已经是傍晚了，张本有了足够的信心，为明天做好了准备。

张本也许自己不知道，但是他确实是一个外表不错的男人。

如何让你爱的人也爱上你
亲密关系的秘密

"你愿意跟我一起走到沙滩那里去看日落吗？"他说道，"我很喜欢看天空快速的颜色变化，然后看着日光照在咖啡屋慢慢地变暗。这景色很美。"你可能已经发现了，张本在描述周围发生的事情。

"我不知道。"王姬回答道，"我觉得我不一定喜欢。我觉得我在这里再坐一会儿更舒服，但还是谢谢你的邀请。"她用了"觉得"和"舒服"这两个词，也许王姬并没有真正体会到张本对日落的描述。为什么呢？因为王姬是一个靠感觉来感知的人，她的判断也被感觉左右。

幸运的是，张本曾经读过一些关于不同的人使用不同的感官感知世界的书。他也发现了王姬的用词和她松垮的衣着，还注意到她说话很慢，不时地低头思考。进入她心里的方法就是告诉她会感觉到什么，而不是会看到什么。

他问："你知道是什么让我最想去看日落吗？"

"不知道，"她说，"是什么？"

"是那种沙子软软的感觉，海水在你的脚踝处翻滚的感觉，还有那种空气中充满着咸咸的味道的感觉。"

王姬点点头，笑着说："嗯。你说得我心动了，我要去。"她合上书本，把它们放到背包里，然后轻松地一击掌，说："等我一下，我会精神饱满地过去。"

如果王姬是一个偏好通过听觉而不是通过感觉来感知世界的人，那么他就可以这样来邀请她："你知道我最喜欢走过沙滩时的什么吗？是那种波浪敲打的声音，在浪花滑过沙子的时候发出的'嘶嘶'声，还有头顶上海鸥的鸣叫声，再混杂着咖啡屋里传出的音乐声。还有……"

当你去迎合对方最喜欢的感觉的时候，你不仅仅是在用对方的语言说话，还在用对方的眼睛、耳朵、感官去感知这个世界。这一点是很诱惑人的。

那么，哪一种描述在沙滩上看日落的感觉最吸引你呢？

如何知道人们的感官偏好

靠视觉感知的人通常都是爽快的、打扮得体的人，他们通过得体的外表给人留下好的印象，也根据别人的外表来评判别人。当他们看到证据的时候，就会很快地做出决定；他们在寻找答案的时候，会频频地左右观察。靠视觉感知的人在说话的时候会手舞足蹈，说话速度很快。他们使用的是图像语言，会说类似这样的话："我看到你说的了""那个看起来不错""你看出我的观点来了吗？""那个观点不太清晰""我对那个东西很模糊""我的脑子一片空白""我们需要一个新的观点""我是这样看待这个问题的""回过头来再看看这个"，等等。

靠听觉感知的人通常打扮得休闲而时髦，他们会发出有节奏的、平和的、流畅的、有说服力的声音。他们倾向于使用带有声音因素的语言，比如："我听到你说了""门铃响了""听起来很棒""要倾听你自己的心声""我真的可以听出你要表达的意思"，等等。

通过触觉感知的人都是讲感觉的，他们比较在乎穿着的舒适度、环境的舒适度。这类人一般都拥有更加完美的体型，很多运动员都是这一类型的人。他们说话很慢，比较随和，在想下面要说什么的时候都会低头看下面。他们做决定很慢，会注意到每一个细节。他们经常使用的语言有："我就是觉得不错""我们来处理这个事情吧""你掌握这个概念了吗""我就靠在墙上""我不能把我的手指放上去，但是我觉得你是对的"，等等。

记住，搭讪是一种乐趣

普林斯顿大学曾经做过一项研究，他们向男女学生询问在第一次见面的时候评估对方的方法。结果显示，操之过急是最有可能被拒绝的。所以，不要笑得太多、不要表现得太聪明、不要表现得过于礼貌。如果你是在演戏的话，那么你就会显得很假。当然，你要表现得友好、乐观，但是不要一直咧着嘴笑。

有些人与生俱来就知道如何搭讪，有些人只有在特定的情况下才知道如何搭讪，而有些人必须要学习才会搭讪，但是每个人都有学会搭讪的潜质。适当的搭讪可以把普通的对话升级成不同的交流。你可以说："现在就我们两个人了。"你可以用眼睛、嘴巴、身体、语言、声音、性感等方式去搭讪。

公开的搭讪只是一个态度问题，不需要太在意。无论是在酒吧里、公共汽车上，还是在诗歌班级里，人们都要跟前后左右的人接触。所以，大家可以跟对方进行眼神交流、微笑，然后走过去说："嗨。"社交的搭讪是用开玩笑的方式让别人知道你对他感兴趣，而私人的搭讪就是用性感去让别人爱上你。如果你有微妙而且华丽的搭讪技巧的话，你会让自己变得无法拒绝。

营造亲密感

如果两人之间没有产生那种难以言语的感觉，就不会产生亲密感，所以关于如何用非语言的方式（眼神的交流、真诚的微笑、热情的肢体语言、反馈和同步等）传递信任感、舒适感、尊敬等需要被大量表述，如何与人交流来找到彼此的共同点也需要花时间来讨论。接下来我们就要进入更进一步的交流，以产生亲密感。

直接到达心里

在情感上建立亲密感的最好方法就是心与心的交流。在交谈中，双方敞开心扉，分享彼此的经历、理念、希望、梦想和感觉。这种只有两个人感觉到的亲密和信任就是爱情的基础。这种感觉会很快地促使两人坠入爱河，然后结合。

营造亲密感的关键在于展现自己。一般来说，展现自己就是把自己很私人的东西展示给对方看，比如经历、理念、希望、梦想、感觉等。当然这不是单方面的行为，对方也必须同样把自己私人的东西展现出来。促使对方展现自己最好的方法就是使用同步的肢体语言。因为同步会让你们彼此信任，觉得对方在倾听自己说的事情。

情感上的亲密包括两个方面：冒险和许诺。冒险是因为把自己很私人的东西都让对方知道了，许诺是因为双方都把自己很私人的东西展现出来了。想象一下自己的手和手指。当手指紧靠在一起的时候，只能做到把手掌放在一起；但是如果手指是张开的，那么双手就可以互相交错，紧紧相连。在本章里，将要学习如何张开情感的手指，与心仪的对象亲密接触。在这个过程中双方要轮流展现自己。当然里面有冒险的程度，冒险程度越高，获得的信任度就越多。

总之，那些冒险程度很低的信息就是普通朋友也知道的信息。比如喜欢什么、不喜欢什么、有多少个兄弟姐妹，还有平时的娱乐消遣、爱好、买过最没用的东西等一些无伤大雅的事情。

中等冒险程度的信息包括那些平时不怎么轻易告诉别人的东西，比如观点、理想、野心，曾经做过的好的坏的决定和判断，等等。小孩子会很轻易地说出这些信息，并且可能招致很大的麻烦。比如："在我很小的时候，我就梦想着将来成为一名网球运动员，可是当我真正开始做的时候，我发现自己一点动力也没有。""我3年前来这里度假，后来就留下来了。""我真的很想辞掉现在的工作，然后去蒙塔那养马。"这些信息会让对方想要进一步跟你交往。如果你们彼此信任的话，你还可以继续跟对方说一些关于你的事情。

冒险程度很高的信息在人们初次见面的时候是很少被提及的，这包括很高的信任、内心深处的感受、恐惧和不安等。比如："我不确定别人会不会觉得我很幽默""我其实是个败家子""我年纪太大了"，等等。

　　在谈及冒险程度很高的信息时，声调通常会变得很严肃。展示冒险程度很高的信息会给自己带来彼此间更高程度的信任。但是在说出这类信息之前，请一定要考虑清楚，想想对方是不是会真正理解自己。还要记住，不要把这些信息随便告诉一个人，只能告诉那些你想要发展成恋人的人。

　　还要记住，一旦你说谎就完了。有很多人在碰到新朋友的时候都会说一些谎话。比如：自己很有钱，有很多公司，就要签约出唱片了，今年才 29 岁，等等。这种谎话在现实生活和网络世界中都会发生。但是，迟早有一天，你们会见面，你的谎言会被拆穿，那个时候你就完了，你连挽回的机会都没有。

一些基本的规则

　　想要在合适的时机展示一些私人信息时，请不要想到什么就说什么，先在脑中多想一些事情选择一下。请记住，此时的你正处于约会之中，还面对着同意或者拒绝的两种可能。可以先想出三四件你认为对方能够理解，或者能感同身受的事情。在时机合适的时候，先说出一件看看对方的反应。如果对方的反应是积极的，你就继续说下一件，还要记住彼此轮流分享感受和理念。

在自我展示里面存在着各种风险，所以在这里给出几个基本规则。

行动要谨慎小心，并注意对方的回应。如果对方表现得自然、随意，并不觉得震惊，那么这样的回应就是积极的。

筛选自己的信息。那些分享经历之类的信息应该是自我展示里面冒险程度最低的，分享理念的话会带来一定的风险，而关于政治、宗教、价值观方面的问题，就可能会带来一些后果了。分享内心的感受是风险程度最高的，在做之前请一定要注意观察对方有没有害羞。

轮流交替。一个人分享一些私人信息以后，另一个人也应该说一些关于自己的信息。但是，跟朋友聊天的时候，对方就没有必要次次对你的理念、经历、梦想和感觉等做出回应。在约会的时候，自我展示实际上是在跟对方要求同样的自我展示。就像在打网球一样，在轮流交替的过程中去发现双方存在多少共同点，看看自己到底喜不喜欢对方。当你说完的时候，可以把目光转移一下，表示你说完了。而你把目光转移回来，就相当于在暗示："该你说了。"此时对方就会开始说的。

展示自己对于建立亲密关系很重要，但是展示的内容也要有限制，要避免那些会使人尴尬的，或者不太符合社会道德的东西。比如，你每个星期都会花100块钱去买彩票；你的妈妈有偷盗的癖好；因为有脚囊炎，你总是买不到合适的鞋子。还有一些东西也不要谈论，比如你有过多少恋人，至少在你们确定关系之前不要谈。即使谈的话，也要稍微轻描淡写地一笔带过。谈论过去的情史肯定会带来比较、嫉妒这些不安全因素的。

不要忘了使用不完美的原则，每一次只打一张牌，要知道一点点神秘感是爱情的催化剂。如果说得太多，就会失去神秘感，最终显得乏味，更谈不上性感了。但是，如果说得太少也不好，久而久之也会失去神秘感，变得很难相处，还可能给人留下傲慢、乏味的印象。

谈话路线

注意观察一对情侣如何一步步吸引对方，你就会发现，他们的行为和声音会逐渐同步起来，有很多人的眼神交流、微笑，热情的肢体语言、凝视、私人的调情，而且态度很好。这一切都是可以很顺畅地进行的：

谈话从一个轻松、随意、无伤大雅的小话题开始，讲一些关于所处位置的内容，然后问一个开放性的问题，就像我们在之前的章节中介绍的那样，主题可以是天气、新闻、体育，等等。但是，不要谈论太长时间。

慢慢地，在小话题中加入开玩笑的话，这样就会显得幽默、有趣。你可以挑选你在周围看到的、听到的，或者最近经历的事情来开玩笑。晚间的电视节目主持人总是喜欢开玩笑，你可以向他们学习。借助开玩笑的聊天，你就可以知道对方有没有幽默感，以及他们对生活的态度，等等。

再过一会儿，谈话就可以步入正轨了。通过前面的小话题聊天和开玩笑，你可以寻找到一个切入点，开始聊一些有低、中、高风险的自我展示话题。

不要忘了寻找可以说"我也是"的机会，这样会让你们的谈话上升到另一个境界。也许这个机会在小话题或者开玩笑的时候就已经存在了。请注意观察，发现机会的时候，你还可以进行小风险、中风险的自我展示。"我也是"意味着你们的关系逐渐达到更加亲密的地步了。

有时你可能因为太紧张而说得太多，或者说得太少。一旦感到自己紧张了，你就稍微停顿一下，最好用激动来形容。先用腹部呼吸一下，让自己平静下来，再把你的激动转化为微笑，然后说："我刚才是不是太激动了。"

如果你想学习一些谈话的方式、技巧，可以去看一些国外的脱口秀节目，注意他们是如何熟练地让谈话顺利进行的。你可以试着去辨别话题的深度，然后注意观察主持人是在什么时候进行话题程度的转换的。而大部分的晚间谈话节目中，主持人都是在开始的 5 ～ 10 秒以后开始从小话题聊天转到开玩笑的。

这些节目是免费的教科书，可以让你在家里直接学习和练习谈话的技巧。但是要注意，在这种节目里，自我展示一般都是单方面的，目的只是让嘉宾敞开心扉，主持人就像一个助推器。当然，有时候也会有一些给嘉宾的惊喜。比如有一次在《深夜》

如何让你爱的人也爱上你
亲密关系的秘密

的节目中，朱丽亚·罗伯茨在椅子一转后，就看到了主持人莱德曼，而不是观众。于是她很自然地做到了跟他的同步，望着他的眼睛，聊了很多自己的事情。而对方也很惊讶于她这样的热情主动。

准备好自我展示

为了把普通朋友关系变得更加亲密，你需要准备一些可以展示自己的东西。可以试着把它们写在笔记本上，这样就可以时不时地看看、修改一下，或者加点新材料进去。

低风险的私人信息：

1.哪些事物是你喜欢的或不喜欢的？（不要太深入）

2.你曾经或者现在有什么开心的事情？

3.有没有关于你的家庭、朋友、爱好、家乡、学校，或者工作的有趣的故事？

中风险的私人信息：

你的观点、感受、梦想、未来计划、曾经做过的好的或坏的决定和判断。

高风险的私人信息：

1.在恰当的时机，你可以分享什么来增进亲密感？

2.你内心深处的恐惧、不安，还有你的可以被理解的弱点。

如果遇到一个总是不谈论自己的人怎么办？你可以使用同步的方法。通过肢体语言、声音、态度和呼吸的同步最能打开别人的心扉，使你感受对方的心情。请尽量放轻松，问一些温和的问题，并且保持耐心。对方很可能是通过感觉来感知世界的，所以可以采取对方的语言交流。还记得前面的章节里讲过王姬就是通过感觉来感知世界的吗？张本通过描述感觉而不是描述看到的、听到的东西而成功地约她出来了。

如果你对展示自我有一点害羞和保守，没有关系，慢慢来，先找朋友来练习练习。你可以告诉他们关于你的旅行和工作，你的家乡和你最喜欢的餐馆。你还可以描述自己认为有趣的事情。当你觉得更有自信的时候，就可以开始加入一些个性进去。你可以加入你对书籍、电影、报纸头条的观点，等等。当你成功做到以后，就可以试着跟别人说你对他们的感觉了。

练习：邀请一个约会

花时间想一下你的约会：

1. 你们在哪里见面？

2. 你们有什么共同点？

3. 去哪里会让你们觉得舒服和特殊，而且可以让你们好好谈话？

4. 去哪里刚好可以符合你们双方的爱好？

现在来考虑一下你要使用的词语：

1. 如何找出你们的共同点？

2. 如何通过幽默来提出你的要求？

3. 如何弱化你的要求？

请列出一些你在邀请的时候要说的词语。

展开谈话

马力今年 29 岁，他在 22 岁的时候就开了一家自己的玩具公司。因为发明了一个新的很畅销的玩具，他成了富翁。后来他又研发出了两款新的玩具，也卖得很好。但是他的生活慢慢地只有工作，没有娱乐，一天工作 18 小时，很乏味。他没有办法经常遇见女人。而且，如果他真的遇到自己喜欢的女人时，只会试着用豪华的轿车、昂贵的衣服去吸引她们，这些方法都以失败告终。后来，他开始使用别的方法。

马力办公室的隔壁有一家咖啡店，他每天都去买一杯咖啡，在那里他有好几次都碰到了刘曼。他们偶尔还开玩笑地调侃对方喜欢的咖啡口味。在马力参加了一个主题叫"让某人爱上你"的活动后，他开始懂得如何去获得对方的额外信息。他知道了刘曼在一个运动中心的医务室里做物理理疗师，她还是一个业余的自行车运动员。

马力很喜欢刘曼，她有着温暖的笑容和健美的身材。他觉得跟她在一起很开心，希望可以跟她一起生活。所以，他想要先约她出来。

毫无疑问，约会时需要谈话，所以马力排除了看电影、运动赛事，还有其他非常吵闹和非常安静的场所。他在考虑的时候，他问了自己 4 个问题：

1. 在哪里她会觉得安全？

2. 她比较喜欢什么地方？

3. 在哪里我们可以谈话？

4. 这个地方很特别吗？

他想要的不是一个平常的约会，而是一个对他们两人来说都很特殊的约会。平常处处可见，而他想要的是一个浪漫的约会。

马力开始行动了

马力决定邀请刘曼一起骑着自行车去河边参加一个活动。他的选择满足了上面的 4 点要求，而且没有用到他的宝马，这样他就可以知道刘曼喜欢的究竟是不是他本人。之前马力只告诉了刘曼他自己从事玩具行业，而并没有告诉她，他公司的玩具在当时当地有多么畅销。

马力还想好了如何跟刘曼谈话。他是这样准备的："我们这个周末骑自行车到河边去参加一个活动好不好？我好几个月没有骑车了，所以你要慢慢骑等等我，否则你就得在诊所而不是在咖啡屋看到我了。"

马力的计划遵照了特定的方针。他特意加入了对方的爱好——骑车，还表现了自己的幽默。他弱化了问题，很容易地使刘曼答应了。在开始的时候，爱情需要鼓励。所以，邀请别人出来的方式，跟两人出去约会一样重要。越把邀请说得有趣、刺激、独特，你邀请成功的可能性就越大。

那个约会

马力把跟刘曼见面的地点定在了市中心广场，那里有很多家长带着孩子来玩。在出发之前，他们聊了一些小话题。

"在这样的天气能出来玩真好。"刘曼说。

"是啊，"马力说，"我就是喜欢阳光照在身上的感觉。嘿，你的自行车不错啊。"他看着刘曼的山地车说，然后又转头对着她微笑，很诚心地，保持着热情的肢体语言。"还好，"他说，"你没有把你的赛车带过来。"

她笑了，而且开始跟他保持行为上的同步。她看了看他的自行车，说："你的也不错啊，名牌的刹车和变速器，我记得你说过自己不太会骑车的啊？"

"嘿，我本来打算骑我的三轮车出来的，后来还是勇敢地骑了个两轮的来了。"

刘曼笑了，然后假装鞠躬说："我感到很荣幸。"看，他们已经从小话题转入开玩笑的阶段了，所以马力准备说一些自己的私人信息，风险不是很高的那种。"说真的，"马力说，"我觉得骑车感觉很好。我很喜欢风吹过脸，而且通过自己的力量去前进的感觉。"

刘曼的眼睛一闪，说："我能感受你的意思，骑车的时候我真的很开心。"她刚刚做出了回应，并展示了一些自己的信息。然后，他们骑上车子出发了。

到达河边以后，他们锁了车，步行到活动的地方。马力平时走路很慢，这时候他便快步追着刘曼轻快的脚步。他们停下来看两个骑着独轮脚踏车的人。那两个人把三个鸡蛋、一个平底锅互相扔来扔去，用点燃的火炬把鸡蛋烤熟，而且一直保持在脚踏车上。"这太有意思了。"刘曼说，"你知道吗？我一直想学骑独轮脚踏车。但这真的很难。"

"你不是开玩笑吧？我也想学！"马力不能相信自己这么快就获得了一个可以说"我也是"的机会，而且他是真的很想学。

"你说的是真的？"刘曼说话的时候把身体微微向马力靠过来，直视着他。

"当然是真的，我也一直想学习煎鸡蛋。"

刘曼笑了，但是马力注意到，此时她已经不再向他这边靠过来了。实际上，她正在看向别处。糟糕，他反应过来虽然这个笑话很好笑，但是说的时机不太对。就这样，刘曼刚刚展示了自己的一个爱好，而且他用"我也是"增加了彼此间的亲密关系，最后却因为一个笑话把气氛又拉回去了。

但是他或许能找机会把感觉找回来。他看着她，发现她正在注意一个向他们走过来的踩高跷的人。马力觉得可以说一些低风险的个人信息，于是他说："你知道吗？在我小的时候，我很喜欢马戏团，喜欢学里面的一切，但是我被踢了出来。"

刘曼回过头看他，说："怎么会？"她用调侃的语气想看他是不是又在开玩笑。此时风把一撮头发吹得盖住了她的眼睛，她给拨开了。

马力说:"嗯。其实我很少对别人说起这个。但是……"他在说话的时候,学着她的动作拨了一下前额的头发,然后接着说:"其实我是一个笨手笨脚的人,我是我们街区所有孩子里面最后一个学会骑车的。我在7岁的时候,骑车还需要带着旁边的两个保护轮。"马力暴露了自己的一个弱点,这属于中等冒险程度的信息。

刘曼很同情地看着他,说:"那种感觉一定很不好。"

"对啊,我常常因为这个被嘲笑。所以对我来说,那个骑独轮自行车的小丑真的很神奇,他们总是表现得快要掉下来一样。当然,我认为那样真的很危险,所以我的印象就更加深刻了。"刘曼再次笑了,马力发现她的肩膀变得很放松,自己也放松下来。

"这让我想起了我第一次到马戏团,"她说,"那时候我还很小,大概只有三四岁,在看每一场表演的时候我都哭,因为我觉得那些小丑用东西在头上打来打去会很疼。而且我妈妈还跟我说过,我学自行车的时候其他的家长都看着我,觉得我很差劲。因为我一直骑不好,其他的孩子却都大喊大叫,骑得很欢。"刘曼边说边笑,还摇摇头,好像这都是因为自己太笨。很快,她又低下了头,紧张地弄了弄头发。

马力看出刘曼觉得自己很弱,感觉尴尬了。于是他说:"你一定是一个很敏感的孩子。"

"我觉得是的。"

"你有没有因为这个而被嘲笑呢？"

"一直都有。我的两个兄弟最坏了，他们曾经比赛看谁可以最快把我弄哭。"刘曼说话的时候，眼睛看着上面。

马力被感动了，然后决定不做小丑了。他很温柔地、轻轻地碰了一下她的手臂说："这么做真过分！"

刘曼抬起头来，看上去很高兴，因为有人理解她了。她说："不管怎么样，我现在长大了。"

他们互相凝望了一会儿。马力看着她的眼睛，然后看了一下她的嘴唇，然后再回到眼睛。他突然红了脸，刘曼则笑了起来。

"那么，长大的女孩，你想吃个冰激凌吗？"这时一个手推车小贩经过，于是他说，"现在好热啊！"在发现刘曼对说到个人隐私比自己还要害羞的时候，马力决定聊一些小话题调剂一下。

"好啊，"她笑着回答，"我要巧克力的，我觉得香草味的没有什么能量。"

"我也是。"马力笑着说。这又是一个"我也是"的机会啊！刘曼现在看起来真的很放松，所以他在把冰激凌递给她的时候，说："你知道吗？我对你的那个小丑的故事很有感触。不仅仅因为我原来是个笨手笨脚的孩子，还因为我也是一个很敏感的孩子，很容易被伤害。我以为我已经克服了，但是我现在还是笨手笨脚的。"又一个弱点暴露了，他希望这一点不要让对方失望，因为当初在学自行车上她是很敏捷的。

但是没有，她依然对着他笑："你看起来没有那么笨手笨脚啊。"

"太好了！"马力想道，"听起来很积极。"此时的刘曼眼望着人群，说："就算你真的这样也没关系。"她很调皮地加了一句："因为我看到小丑还是有点儿想哭。"

马力笑了一下，也顺着她看的方向看过去。两个小丑正挥着气球，朝他们走过来。此时他们又回到了开玩笑的谈话模式，马力觉得自己很开心。后来，他们又都展示了一些私人的信息，马力发现自己真的很喜欢刘曼。他最近以来都没有这么开心过。他很确信，而且两人都有所感觉。"快跑，在他们两个撞到之前过去。"他大喊着，抓着她的手臂，笑着，奔跑着，进入了下一个阶段。

为什么他们的约会进展如此顺利

让我们开始整理一下。在一开始的几分钟里，马力和刘曼聊了一些小话题，开了一些玩笑，用开玩笑的方式去发掘对方的兴趣和彼此的共同点。他们在到达活动地点的时候，开始聊那里发生的事情，并且引出了儿时的记忆。

从表面上看是这样的，深入地去看，就是马力很有目的性地展示了自己的私人信息，促使刘曼也聊了一些自己的信息。同时，马力还做到了肢体语言、声调和词语的同步。之后他就把谈话从开玩笑带入了彼此分享私人信息的阶段。当然，在煎鸡蛋那个玩笑上，他犯了一个错误，但是很快就补救回来了。他把随意的谈话带入亲密的感觉，还使用了一些私人的眼神来显示他的性感。他很小心，在刘曼说了自己的另一个私人信息以后，没有对她开玩笑。后来，他明白刘曼有点儿害羞、敏感，就又转回到一些小话题上去，避免让对方觉得自己是在审问她。他的策略成功了，然后他又暴露了自己的另一个弱点，让她觉得很放松。

无意间的接触

如果说建立亲密感需要经过 3 个阶段，使用"我也是"可以让两人进入第二个阶段，那么无意间的接触就能让两人进入最后一个阶段。

很多的研究都把焦点放在了这种强有力的接触所起的作用上。一个在图书馆的实验表明，如果读者在进入图书馆后接过图书卡的时候被碰了一下手，就会对图书馆产生更好一点的印象。还有一个实验表明，如果一个女服务员在找钱给客人的时候，无意间碰到了客人的手，那么她会得到比平常多 15% 的小费。还有研究机构通过研究得出了一个结论，老师在适当的时候稍稍地碰一下学生，就可以让这个学生对课程的理解力增强。

其中有一个最关键的词就是无意间。这意味着要很自然，有时候是凑巧的。抓住、抚弄等各种无礼的行为却会导致不好的结果。无意间的触碰都是通过手，而且是吻合的、自然的、没有攻击性的。你可以碰别人的手臂、肩膀等，但是绝不能碰胸部、屁股、大腿内部等敏感的部位。初次的触碰就如同魔法棒，但是它只能发挥一次作用。

必须小心地选择时机。太早的话会显得轻薄，太经常的话就不起作用了，而太晚的话就没有那种感觉了。两个人第一次的触碰可以选在彼此分享中等冒险程度的私人信息时。最好是在刚刚笑在一起或者互相依靠的时候。

如果你所做的手臂上的适时触碰得到了积极的回应，那么就可以接着寻找机会来一个手的触碰。但是别忘了，你正在进入对方的私人世界。如果这样的接触没有给双方带来应有的亲密感，那么请适可而止，否则会坏事。如果你的行为得到了回应，那么就可以继续进一步的亲密行为。此时，你就可以自然流畅地展示出自己的私人信息了。过一会儿后，你可以故意碰一下对方的手来测试对方此时的心情。如此你们很可能就会开始手握手了。

加上了刺激因素以后，下面是整个谈话的路线图：

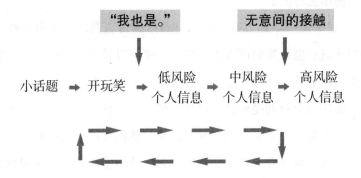

更深入的自我展示

再来看另一段场景的展开。杨莲和王博的谈话过程可以分析出里面的每一步。

杨莲40多岁，是一名中学老师。3年前，同她结婚14年的丈夫跟一个比杨莲年轻10岁的女人跑了。杨莲的自信心因此遭到很大的打击，现在她要寻找另一半，也要找回自己的自信心。她计划用不同的方法去接近有可能适合自己的人。

　　王博是一名建筑师，没有结过婚，不过曾经有过两个同居很长时间的女朋友，他现在已经单身两年了。几个月以前，杨莲和王博在一次宠物狗聚会中相识。杨莲发现王博很吸引人，而且很容易沟通。

　　在一次谈话中，杨莲曾提到自己没有车，而王博主动说可以在周末开车带她出去玩。杨莲感觉自己已经有了足够的勇气，所以决定接受邀请。

杨莲主动出击

　　"我听说一个地方有一些很有意思的古董商店，还有一些古老的建筑。也许我们可以去那里玩，你可以教我一些建筑方面的知识，这是我一直以来都搞不清却很想知道的。"

　　就像马力对刘曼所做的那样，杨莲也选择了一个与对方兴趣爱好有关的、安全又有点特殊的，而且他们可以谈话的地方来约会。其间，她还开了点儿小小的玩笑。然后王博笑了，并很快答应了。

　　在他们开车去约会地点的路上，杨莲和王博聊了一些小话题，包括天气和他们的狗。两只狗现在正满足地蜷缩在王博车子的后面。"这应该是美好的一天，"王博说，"你看那天空。"

"有一点点冷，不过还好。"杨莲说，"这样的话在我们去商店里的时候，小狗们就可以安心地待在车里了。"

"是的，它们会好好的。而且在目的地外面还有块保留地可以让它们跑跑。"

"嗯。但是贝贝的那个动作可不能叫作跑。"杨莲说。

王博笑了，贝贝是杨莲那只慵懒的、有一点点肥胖的猎犬。它有长长的、厚重的身体，短而粗的腿，看起来的确不像是一个短跑选手。"嗯。它还是挺精神的，只要让它的脚碰到地就可以了。"

杨莲笑了："贝贝和卡拉真是很好玩的一对。"卡拉是王博那只优雅的、长脚的魏玛犬。"人们一定会以为卡拉是为了钱才跟贝贝在一起的。"

他们开着玩笑，然后车子开到了目的地。王博一边停车，一边说："我准备去流浪动物之家领养一条流浪狗。"

"真的吗？"杨莲说。"我最近看了一篇关于动物之家的文章，昨天差点儿就给他们打电话领养了。这些被遗弃的流浪狗，真的很令人难受。"她坐直了身体，转过头看着他，此时正好他也熄了火看向她。

他看着她，说："真的吗？真有意思！"他关切地用手摸着下巴。杨莲突然意识到这是一个说"我也是"的机会，而且并不是刻意寻找的。她不经意间做了一样的动作，也用手摸着下巴，说："实际上，我已经从流浪动物之家领养了两只猫。"杨莲认为这是风险程度不高的私人信息。

"嘿，你没跟我说过你还养猫啊。"王博说。他有点儿嘲弄地看着她，不赞同的样子："我还以为你只养狗呢。"

他话说得很轻，但是杨莲发现两人之间的感觉一下子被破坏了。也许王博不喜欢猫？她想要弄清楚，所以说："当然啦，我是一个养狗的人。"她一边说，一边用溺爱的眼神看了一眼贝贝："但是我还是一个养猫的人。"

"猫跟狗是不一样的！"王博解释道，"它们太无情，太自我了。"从王博的反应程度来看，这可能是一个转折点。

"那个……"杨莲是一个脾气爽快的人，她差一点儿说："这种说法太荒谬了。"但是她还是忍住了，反而选择了一种更加冷静的方式来回答："很多人都这么认为。"她用比较愉快的声调说。现在他们已经下了车，并排站在外面的小路上了。这时从王博的肢体语言上看他有一点点冷漠，手臂紧紧地背在身后。"实际上，"杨莲继续道，"我以前也跟你一样，不喜欢猫。"说着，她转身面对着他。

这是一个具有中级风险的私人信息，看起来已经起了一点作用。"我可没说我讨厌它们啊。"王博说，声音变得有些柔和，"只是因为我每次见到猫，它们不是冲着我叫，就是把我的文件包弄脏，或者在我的靴子里尿尿。""哦。"杨莲小声应道。他们往前走着，她说："原来穿靴子的猫是从这里来的啊。"王博笑了。杨莲发现此时开的玩笑刚刚好。

"那你是怎么从讨厌它们到领养它们的呢？"王博问道。

"我们小的时候都是养狗的。"杨莲说，"而且我的父母不喜欢猫，所以我也不喜欢。"

"嗯，跟我的父母一样。我们也总是养狗，我爸爸觉得猫很讨厌。"王博说。

"但是，"杨莲接着说，"有一天一只猫选择了我。在一个暴风雪的天气里，它在我的门口对着我叫。我是一个有同情心的人，所以就拿了一个有毯子的盒子放在门口，还给了它一些食物和水。后来，它一直围着我喵喵叫，从此就跟着我了。"

"它们有所求的时候是会那样做的。"王博很愉快地说，但是杨莲不确定对方是否已经信服了。

"但是这一只却是一直这样的。无论我有没有喂它，它总是围着我叫。它很喜欢躺在我的膝盖上，像狗一样满屋子跟着我跑。它死的时候，我的心都碎了。而那段时间我正好经历了其他一些不好的事情。"

杨莲本来想提及那时丈夫离开她的事情，但是忍住了，因为这个信息具有高度的风险。"那个时候我很失落。后来我看到了一则流浪动物之家关于小猫的广告。我给他们打了个电话，领养了两只小斑猫。你知道吗，自从有了两只小猫，我在屋子里就不会觉得沮丧了。""嗯。我也觉得小猫很可爱。可麻烦的是，它们会长成大猫。"王博笑了笑，把头转向了其他地方。

他对猫的态度令杨莲觉得很难以置信。他一定经历了什么事情，但此时不是深究这个的时机。有些敏感的杨莲觉得有点紧张，所以还是决定问个清楚。"嘿，你好像曾经有过一段与猫有关的不愉快的经历啊。"在他们停下来看橱窗里的古董时，她轻声说。

"嗯，你猜对了。"王博降低了声调，目光看向了别处。他接着说："那只在我的靴子里尿尿的猫是我前女友的，我确定她喜欢那只猫胜于喜欢我。她对那只猫有一点儿神经质，那只猫本身也有点儿神经质。"原来如此，杨莲想，就是这个了。王博刚刚显露了他很敏感的私人信息。

"我猜，"杨莲也把声调降低了一点儿说，"动物都是很敏感的。你也知道，猫是一种会嫉妒的动物，尤其当你们关系不友好的时候。我猜那只猫是一只公猫，它在你靴子里尿尿的时候，你跟女朋友肯定是关系紧张的时候。"

王博笑着看她："非常正确！你一定是一个研究精神方面的专家。"

"不，我只是比较懂猫而已，猫比狗复杂多了。"

"你是说女人比男人复杂很多？"王博的语调有一点点挑衅，但是他正笑着，而且很放松。

杨莲也笑了，这个时候不妨开开玩笑。"嘿，我可没这么说啊，但是相对而言，狗比猫简单多了。只要有食物，稍微关注一下它们就可以了，狗就是这么简单。"

"就像男人一样？"王博眉毛上扬，问道。

"你知道吗？"杨莲也笑得眉毛上扬，扯了扯王博的衣袖说，"猫真的很麻烦的，很多时候我只想简简单单的。"

两人都笑起来。王博深吸一口气，说："我喜欢女人这样，养猫也没关系。"

为什么这个约会进展顺利

从头回顾一下。一开始的时候王博就设定了一个积极的氛围："这应该是美好的一天。"杨莲跟着很熟练地附和："虽然有一点点冷，不过刚好可以让小狗安心地待在车里。"然后他们用小狗们开了几个玩笑。接着王博给了一个风险程度很低的个人信息，他想要领养一只流浪狗。杨莲对这个巧合感到很惊讶，刚好有了一个说"我也是"的机会。"我也是"拥有很神奇的效果。说的时候，可以先稍微停顿一下，然后换一个语调。当时，杨莲差一点儿无意间碰到王博的手臂。

不管怎样，她最终还是让他感觉到了两人存在许多的共同点。无论是有意的还是无意的，这都帮助杨莲自然地跟王博保持了同步，比如用手摸着下巴。然后他们谈论起她的两只猫，这是一个风险等级挺高的信息，因为人们会用所养的宠物来推测主人的性格。而由于王博对猫的评价很低，这就相当于是一个不好的信息。

此时，杨莲首先控制好了自己的情绪，然后尝试着重新恢复与王博的感觉，她运用了"我以前也跟你一样"这样的策略。

关键的时刻来了。杨莲不经意地用自己对动物展现出的善良和对动物的博爱把两人之间的感觉找了回来。她还很幸运刺激了王博愿意解释为什么不喜欢猫。她成功了，王博开始发现这个女教师很聪明、有耐心，而且被她吸引住了。而杨莲呢，她看到了这个建筑师善良、理性，有一点点脆弱的一面，她发现自己跟他在一起很舒服。

态度很重要

有人说 90 分钟不够去认识一个人。当然，如果你一直哼哼哈哈，说说小话题，开开玩笑，90 分钟当然不够。同样，如果你让对方感觉到乏味，只坐在那里说"是的""不是"，也不努力去交谈，那肯定没有丝毫作用。甚至，如果你表现得很粗鲁或者目光游移、自命不凡，那么你们的谈话不到 90 秒就会结束。

如果你跟某人的谈话很不幸地进入了一种尴尬的状况，请好好利用这个信息，然后慢慢摸索，寻找机会让对方感受到你的敏感，进而重新信任你。此后，注意不要再次涉及这方面的话题了。

但是一旦你发现了双方的共同点，注意分享彼此的思想，就会在 90 分钟之内发现两人比刚开始的时候有了更多的了解，而且还很可能会说："我觉得已经很了解你了。过了多长时间了？"

如果你碰到了心仪的对象，而且真实地把自己展现出来了，也自然、轻松地使用你的身体、态度、声音和语言去交流了，那

如何让你爱的人也爱上你
亲密关系的秘密

你离想要的爱情也就不远了。

如果你花了90分钟跟合适的对象相处、交流，那么就表示你已经为自己的爱情打好基础了。接着自然地借助身体、态度、声音、语言，再加上主动的自我展示，你就会渐渐建立起亲密感。如果你还找到了说"我也是"的机会，无意间跟对方有了身体的接触，进行了几次深情的凝望，那么期待爱情的种子可以说就播种下了。

得到爱情

真爱是唯一的，它还掺杂着吸引、亲密、欣赏，还有浪漫。它是完全私人的东西，而且对每一对恋人来说都有一点点不同。对有些人来说，很容易说出爱情的火花是什么时候擦出来的；对有些人来说，却很模糊。有些人注意到了这个时刻，觉得好像什么都改变了；有些人则觉得慢慢地来了感觉。感性的人比理性的人能更迅速感受到爱的来临，哪怕他们爱情的种子是在同一时刻播种下去的。

那你们是如何从亲密关系转化到爱情关系的呢？说到这里，已经有了很详细的技巧了。保持一个正确的态度、搭讪方式、保持同步、自我展示等技巧会带你到达爱情的边缘，通常甚至会进入爱情。那种两个人相遇进而发现彼此适合的感觉经常会把他们带入爱河。但是，如果要讨论如何从相互吸引，到彼此有感觉，最后陷入爱河，就不能用一步一步的方法来说明了。

如果你真的喜欢一样东西，就不要束缚它

如果你放弃欲望，就可以看见奇迹；如果你执着于欲望，你看到的就只是表象。也就是说不要用自己的意愿去左右一件事情。

当你发现自己很想要一样东西，而且用尽力气想去得到它，此时你可以停下来，然后看看会是什么样的结果。如果停下来了，你会得到更多。

> 爱不是在命令的情况下发生的。它是一个细水长流的过程，是一个种子萌芽的过程，是一个火花转化成火焰的过程。

反之，如果停不下来，最多就只能看到两个结果——得到了和没得到。这就像你用强力去孵鸡蛋，或者用强力去开花一样。实际上，你应该随它们自由发展。

你对自己的信心、对生活的信心、对爱的信心也是这样。爱比你想象的更加惊人和令人惊喜，但是只有在你给予了空间和支持，它才有机会去自由发展，它才会那样美好。

爱不是在命令的情况下发生的。它是一个细水长流的过程，是一个种子萌芽的过程，是一个火花转化成火焰的过程。你要做的就是做好准备，展现最好的自己，然后让它自由地成长。

马力和刘曼

再回头看看马力和刘曼的爱情。

快6点的时候，两人互相告别。但在结束的时候，刘曼开始有一点点改变，这让马力有点儿担心。当他们彼此靠近说"再见"的时候，刘曼显得有点儿急躁和不耐烦。他们之间是有感觉的，这一点可以从刘曼的眼睛里看出来。马力觉得自己可以通过她的眼睛到达她的内心。他们彼此表示玩得很开心后，刘曼表现得更加紧张了，所以马力没有马上急着离开，而是问她还可不可以再聚，她的回答像个谜。"大概这个星期吧。"她说。马力深深吸了口气，被刘曼看出来了。她说她会给马力打电话，然后两人拥抱，她抱得很紧，说了句："我会没事的。"然后就骑车走了。当时马力感觉很糟糕。

接下来的3天里马力感觉很不好。在星期四工作的时候，他的心情也很坏。当他凑巧看向外面的停车场时，发现有人在他的车子的挡风玻璃刷上塞了一张纸片，是刘曼。马力飞快地跑下楼，跑出门，但是她已经消失了。"天哪，怎么会这样！"他一边走向他的车旁，一边在想自己是不是产生幻觉了。因为即使刘曼可以发现他在哪里工作，但是她怎么会知道哪辆车是他的呢？然而他发现玻璃刷下面有一个信封，里面是他们上次见面所在咖啡屋的一张便笺，上面手写着一个电话号码和一个问题。那个问题是："什么时候？"

于是，马力马上就打了那个电话，后面就都是好事了。他们又见面了，很美好，后来他们结婚了，他们深爱着对方，过几个月他们的孩子将会出世。

在他们后来的约会中，刘曼告诉马力那个时候她刚好看到一个小丑表演。当他们在一起的时候她还说过她试图在下次见面前改掉这个习惯，那次是一个咖啡厅里的服务员告诉刘曼哪辆车是马力的，所以刘曼得以给他留了纸条。

当初，马力知道自己已经播下了爱情的种子，知道他们彼此有感觉，所有的条件都准备好了。虽然这会让他等得很难受，但是他没有去干涉，而是让它自然地发展。所以有时候，如果你认为一件事情肯定会发生，那么就让它自然地发生，不要去干涉它。通过任由它自由发展，你会看到它会在最完美的时刻展现最美的结果。

杨莲和王博

杨莲和王博虽然都想要收获爱情，但是在经历了几次失败以后，他们变得比马力和刘曼更加谨慎小心。杨莲在她破裂的婚姻中受到了伤害，现在感到很孤独。她想要找一个自己动心的、有安全感的人在一起，但是却并不着急。王博也是，他在慢慢地寻找。他认为前面两次失败的恋爱是他个人的问题。尽管他们各自都很小心谨慎，却发现了彼此很适合。他们可以一起笑、一起跟宠物玩，还可以一起聊天。

杨莲后来说："当我们第一次在小狗聚会上见面的时候，我就在想：时间怎么过得这么快，好像每一次我们在一起，时间都不够用。王博让我觉得可以跟他交往下去。他做事井井有条，这一点也影响了我。从此，我的生活里好像加入了一些其他的元素，不再是一成不变的生活了。我深深地陷入了这种感觉。在第二次见面的时候，他告诉我他感觉到了我们之间的火花。这个唤醒了我，我好像从来没有想过他会这样说。我差一点儿就告诉

> 随着新的爱情同时到来的是伤心的可能。

了他我的真实想法，但是风险太大了，我没有那样做。我们还是慢慢地进行。在谈论爱情之前，我们约会了 6 个月。又过了 2 个月，我们才谈到了要不要同居。"

在约会了 10 个多月，相处了 1 年多以后，王博和杨莲结合了。2 年以后，他们在第一次约会的地方开了一家属于自己的店。现在，他们是怎么也不会分开了。

有些人与其他人相比起来会更加谨慎，因为新的爱情还可能伴随着伤心。有的人一切行动都听从心里的声音，有的人则在投入热情之前表现得十分小心谨慎。这两种态度各有各的优点，一切取决于你自己。最重要的就是你要积极地、热情地去爱，以你认为舒适的方式去寻找爱。

在第一次跳舞的时候就爱上了

如果杨莲和王博是那种花很多时间确信他们关系的那一类人，那么赵谦和孙莉就完全是相反的一类。他们两人都是骑马单身俱乐部的成员，赵谦是一家唱片公司的经理，孙莉在一个图书馆工作。

每个星期天的晚上俱乐部都会举办一个单身牛仔之夜。活动的一条规则就是如果女人邀请男人跳舞，男人一定不能拒绝。在

9月的一个星期天晚上，孙莉邀请赵谦跳了两次舞。孙莉对赵谦产生了感觉，赵谦也一样。他们不约而同在下一个星期天又都来参加活动了。这一次，孙莉邀请了赵谦跳了三次舞，这是被允许的最多次数。在他们跳最后一支舞的时候，赵谦邀请孙莉共进午餐，孙莉同意了。

赵谦精心安排着他们的约会。他问了自己前面章节中提到的4个问题：这个地方她会不会觉得安全？这个地方她喜不喜欢？我们能不能在这个地方谈话？这个地方有什么特殊吗？最后他找到了一个安全、特殊、浪漫的场所。赵谦把约会的地点定在了他们上马的地方，他为孙莉租了一匹马，然后两人骑马穿过树林，到达一个路边的餐厅。

在孙莉的记忆中，这是一个很完美的约会。他们聊了很多，很有感觉。回到马厩之后，他们给马卸下装备，用刷子刷它们的身体。他们开始刷的时候，孙莉听到了赵谦的声音。他在用刷子刷马脖子的时候，冲着马的耳朵说着什么。孙莉当时感觉非常好，觉得那时候一切都很宁静。

在他们走过小路，走向汽车的时候，还是可以听到很远的马厩里传出的声音。赵谦退后了一步让一辆卡车经过，他的手擦了一下孙莉的手。孙莉深刻地记住了那一刻，觉得有一股暖流从手臂流到了心里。于是她做了一件非常不符合自己个性，但那个时候做又很自然的事情。她停下来，把手放在赵谦的手臂上说："我能问你一个问题吗？"赵谦抬了抬眉毛，点点头，然后凝视着孙莉，就像知道她想说什么。"这样会不会好一点？"好一会儿他都没说话。后来他吸了一口气，笑了，然后只是说："噢，我的……"然后孙莉说道："你准备怎么办？"他看起来有点儿疑惑，于是孙莉又补充："你和我。"他们都表现得很简单、很自然。最后赵谦说："我们在1年之内结婚怎么样？"孙莉就一直笑，然后说："太好了！"

如今，赵谦和孙莉不仅幸福地结了婚，还一起开了一家公司。他们一起工作、一起交流、一起旅行、一起参加社交活动、一起玩。

保持爱的新鲜

爱不是终点，而是一个过程、一次旅程。那么怎样才能在整个旅途中保持爱的新鲜和特殊呢？答案是：通过浪漫。你要用行动证明对方是你生命中最重要的。你给予关注，并且想要让对方知道爱情的火苗正在燃烧。浪漫是表达爱情的一种艺术。浪漫在于你对爱人满怀爱意的行为，在于为将来创造美好回忆的努力，这些都是爱情的基础。成功的浪漫都是通过感觉来表达的，也就是前面提到的3种感知方式（视觉的、听觉的、触觉的）。要用对方喜欢的方式表达出来。

马丁问刘曼愿不愿意下班后跟他一起去当地的港口，他说要去给将要航行回来的朋友送一样东西。他们开车行驶到达后，他从车里拿出了一个运动帆布包，然后两人向港口走去。但是马丁的朋友还没到，所以他们在那里坐了一会儿。马丁问："你还记得这里就是我们1年前见面的地方吗？"

"是的，记得。"刘曼回答道，然后手臂挽上了他。几分钟后，马丁打开帆布包，从里面拿出一束玫瑰、一瓶香槟，还有一些食品。"根本就没有什么朋友要来，"他承认说了"谎"，然后笑着说："一周年快乐！"

……

当一个湖边餐厅的浪漫晚餐结束后，王杰带着陈娜划船到湖中心看日落。当太阳将要落到地平线以下的时候，王杰拿出了一个戒指，向陈娜求婚。陈娜感动地哭着拥抱他，回答说"好的"。陈娜没有注意到王杰手中的光。在他们拥抱的时候，王杰向岸上的3个朋友示意，按事先约好的，朋友把焰火点燃了。刹那间天空变得很亮，湖面映出绚丽的色彩。多么美丽的景色啊！陈娜是一个通过视觉感知世界的人，所以尤其容易被这种场景所感动。

……

浪漫就是普通感觉的对立面。有的时候我们需要抛开现实去向一个人表达我们的爱意。好的浪漫表达是需要经过思考和努力的。为了保持爱情的活力和新鲜，所有的努力都是值得的。

珍妮花了大部分的积蓄来支持她爱好足球的男朋友去现场看世界杯比赛，他们明年就要结婚了。在凯莉度假的时候，她通过快递给她的男朋友送去了 7 条短裤，那个时候正好是情人节。

如果把爱情想作柴火的话，你一定每天都充满激情。而每个人都需要一堆柴火，这些柴火虽然不一样，但是你们必须让你们的火一直燃烧。当火光明亮的时候，它会带来温暖和幸福。但是，如果你不关心这团火，那么它很快就会熄灭，你会觉得很冷、很孤独。所以每天都要照料一下这团火。你可以送花、送礼物，选一部好看的电影或者写情书，或者在雨天提前回家给对方准备一杯热茶。记得要让火旺盛地燃烧。

用行动说话

真正适合的两个人可以在 90 分钟之内爱上对方，在这段时间内建立起信任和亲密感。但这并不意味着他们只要在一起待 90 分钟，事情就成了。有些人是感性的，他们把感觉转化成语言和思考，然后很快地行动。而有些人则要经过长时间的交往，然后才通过语言把感觉表达出来。当你找到心仪的对象的时候，就要准备播下爱的种子了。不要想着对方会在 90 分钟内说"我爱你"，一般人也很难接受这个。只要能够感觉舒心、放松和彼此

如何让你爱的人也爱上你
亲密关系的秘密

信任就可以了。如果你不想通过语言表达出想法，可以通过观察来了解对方的感受。对方的瞳孔是不是扩大了？脸是不是红了？是不是因为激动而呼吸急促了？坠入爱河会改变你的思想，也会改变你的行为，比如皮肤发热、呼吸加速、瞳孔扩大，这些都是因为互相吸引而激发的生理反应。

爱情对于每个人来说都是不同的，但是过程却是相似的。找到你心仪的人，播下爱情的种子，浇水，看着它们发芽、开花。或者擦出火花，点燃火焰，让它保持燃烧。当然，你还可以用其他的比喻来形容。

为了收获爱情，你需要运用所有学过的技巧，现在来回顾一下。

一切都源于态度，也止于态度。在对方遇到你之前，你的态度就可以决定他们的反应了。你可以像选择衣服一样选择你的态度。要记住，你的态度不仅会影响自己的行为，还会影响到跟你一起的人的行为。你可以用你的态度来表达：我很紧张，我很害羞，我很孤独。或者表达：我很有趣，我很自信，我就在这里。

着装得体。着装要适合自己，比如开心时、自信时、足智多谋时，随时迎接挑战时的自己。衣着会发送某种信号，打扮得越得体（不是指昂贵，而是指合身、时尚），就会得到越多越好

> 没有什么能够比眼神交流、微笑和热情的肢体语言更能让人产生信任感的了。

的反馈，自我感觉也会越好。魅力从态度和肢体语言上散发出来，而且它也体现在你的裤子（裙子）、衬衫、鞋子、配饰上面，还包括你的发型。

社交和娱乐。你中意的人就在那里，而想找到对方就像在玩数字游戏。所以要走出去，让朋友和同事介绍，认识越多的人越有利。要注意培养你的社交技巧，好好经营你们的友谊。你要多参与，多做计划，待人友好。

用肢体语言表明你是热情的、可以信任的。要保持魅力，眼神交流、微笑和热情的肢体语言最能让人产生信任感。在身体中能够用来传递信号的部分里，眼睛是最重要，也是最微妙的。你可以用眼睛来表明你的兴趣。具体就是看着对方的眼睛几秒钟，然后再转移到其嘴唇，然后再回到眼睛。

要比在正常情况下的眼神交流保持更长的时间，然后再看向别的地方，最后再看回来。无论男女，你越是优雅地这样做，就越显得有魅力。女人可以用身体来表示同意和拒绝，可以表示自己准备好了。男人散发男人的魅力，要潇洒地走路。女人散发女性的魅力，要学会婀娜多姿地走路。不要做得太过火，自信就可以了。

通过谈话和同步技巧来产生感觉和亲密感。注意对方感知

如何让你爱的人也爱上你
亲密关系的秘密

世界的方式（是更关注看到的、听到的，还是感觉到的），然后找出你们之间的共同点。肢体语言和声音上的同步最能让双方产生感觉。

让你的约会显得浪漫、独特。找一个适合双方谈话的地方，一个让对方感到安全的、对方喜欢的、与众不同的地方。

尾声：一切都从你开始

在你学会游泳之前，你是不好确定自己何时才能游泳的，你会想着："我一走进水池里，就会沉下去。"但是当你看到别人游泳的时候，你就会发现，虽然这个看起来很难，但是还是可以做到的。从某种程度上说，想象可以帮助你，而不会阻碍你。最终，你学会了游泳。之后你已经不假思索地像一条鱼一样游泳了。

在你还不会骑自行车时，会这样想："如果我把脚放在脚蹬上，一定会摔倒的。"但是，你看到别人做到了，就会对自己产生信心，认为自己也能做到。此时，想象又给了你动力。之后骑车对你来说简直是小菜一碟。

想学会游泳和骑自行车，你都需要练习。开始的时候你下水浮不起来，也不能掌握好平衡。然而在奇妙的一天，你发现没有人在水里扶着你了，或者没有人在固定着自行车了，你是在靠自己游泳或者骑车，你会感到很轻松、很自信。

这和寻找你的恋人是一样的。之前你看到周围的人不怎么费力就可以有恋人陪伴，过着幸福的生活，而你却不能。但是，现在你学会了本书的方法，这些方法很管用。你看到别人找到了心爱的人，你有了信心，觉得自己最美妙的那一刻也要来临了。

与学习游泳和骑自行车一样，你不可能从一本书上就完全学会如何让别人爱上你。当然，你可以通过看相关的书来学习游泳时拍水的方式，学习运动背后的原理，但是要真正掌握本领，还是要亲自去操作。

恋爱也是一样。本书是根据那些正在寻找爱情和已经找到甜蜜爱情的人亲身的经历而写成的，也有一些连续经历几次错误恋情的人给出的经验教训。书中提供原理，提供技巧，但是如果你想要真正去感受，现在就开始行动，加以练习。只是抱着希望和期待是不能帮你找到梦中情人的。就算你有超强的说服力，极度乐观，不走进人群去练习，你还是找不到理想的爱人。你需要坚定的信念，坚信一定会有相濡以沫的人在等你，会在不经意的时候就出现在你面前。

一切都将从你与自己对话开始，从你如何向自己表述周遭发生的事情开始。如果你关注事物积极的一面，你得到的是一些东西；如果你关注事物消极的一面，你得到的是另外一些东西。请记住，把你的经历转化成语言，把语言转化成思想，让思想累积成理念，让理念指导你的行动，让行动养成习惯，让习惯铸就个性，最后你的个性将会决定你的命运。如果你想要有所收获，就必须有积极的态度。就像你突然发现你学会了游泳、骑车一样。那一刻终将来临，那一刻你会突然发现跟你所喜欢的人有了感觉。现在已经有了全部可以点燃你生命之火的工具了，有引火物、木材，还有火柴，你准备好点燃它了吗？现在，去行动吧，爱情降临，会给你惊喜。爱情总是出人意料的，给人一种神秘、浪漫又模糊的感觉。所以，请点亮火柴吧，准备迎接你生命中美好的惊喜！

178 如何让你爱的人也爱上你
亲密关系的秘密

图书在版编目 (CIP) 数据

如何让你爱的人也爱上你：亲密关系的秘密 / 欧阳
千山著 . -- 北京：中国华侨出版社，2020.1（2020.8 重印）

ISBN 978-7-5113-8094-4

Ⅰ.①如… Ⅱ.①欧… Ⅲ.①恋爱—通俗读物 Ⅳ.
① C913.1-49

中国版本图书馆 CIP 数据核字（2019）第 283326 号

如何让你爱的人也爱上你：亲密关系的秘密

著　　者：欧阳千山

责任编辑：刘雪涛

封面设计：冬　凡

文字编辑：黎　娜

美术编辑：盛小云

经　　销：新华书店

开　　本：880mm×1230mm　1/32　印张：6　字数：160 千字

印　　刷：三河市京兰印务有限公司

版　　次：2020 年 8 月第 1 版　2021 年 12 月第 5 次印刷

书　　号：ISBN 978-7-5113-8094-4

定　　价：35.00 元

中国华侨出版社　北京市朝阳区西坝河东里 77 号楼底商 5 号　邮编：100028

发 行 部：（010）88893001　　　　传　真：（010）62707370

如果发现印装质量问题，影响阅读，请与印刷厂联系调换。